[現場の疑問に答える]

税効果会計の基本Q&A

公認会計士・税理士
新名 貴則

税務経理協会

はじめに

「税効果会計」と聞いて，程度に差はあれ拒否反応を示す人は多いのではないでしょうか。何を隠そう，私自身もそうでした。「一時差異って何？」「将来減算とか将来加算とかどう違うの？」「回収可能性って何？」「スケジューリングってどうやればいいの？」「法定実効税率って何でこんなにややこしい計算式なの？」「税率差異って意味がわからん」などなど。これまでに税効果会計に関して抱いた疑問は数知れず。一度理解できたらそれほど大した話ではないのですが，理解できるまでがなかなか大変でした。今から税効果会計を勉強しようという人にとっては，かなり取っ付きにくいものだと思います。また，経理や監査の実務において今実際に税効果会計を担当している人であっても，「実はよくわかっていないけれど，前期の資料のとおりにやって何とか済ませている」という人は少なくないと思います。

本書はそのような人を対象として，税効果会計を「取っ付きにくく」感じるのではなく，できるだけ「身近に」感じて頂きたいという思いで書きました。私自身の経験も踏まえて，税効果会計を勉強するに当たってありがちな疑問点を列挙し，Q＆A形式で解説をしています。また，文章だけの説明ではなくできるだけ実例を盛り込むことで，視覚的に理解しやすくしました。実例には欲張って多くの論点を盛り込んだりせず，できるだけシンプルにすることで，とにかくまずはイメージを掴んで頂くことに重点を置いています。

本書においては，以下の章立てで解説を進めていきます。
第1章：税効果会計の基礎
第2章：一時差異と永久差異
第3章：法定実効税率と税率差異
第4章：繰延税金資産の回収可能性の判定
第5章：四半期決算及び連結決算
第6章：その他

前半は基本的な論点が多いのですが，後半に進むにつれてより実務的な論点が増えてきますので，その分難易度も上がります。ですから，これから勉強する人はまず第1章から第4章までをよく理解して頂きたいと思います。第5章以降はその次のステップと考えてください。また，既に実務に携わっている人は自分が関心のあるＱ＆Ａだけを読んで頂いたら結構です。

　今から税効果会計を勉強する人には，「思っていたほど難しくないな」と思って頂けたら幸いですし，既に実務に携わっているが実はよくわかっていなかったという人には，「ああ，そういうことだったのか！」と思って頂けたら幸いです。本書によって，一人でも多くの人の税効果会計への拒否反応が解消されることを願っています。

平成24年12月22日

　　　　　　　　　　　　　　　　　公認会計士・税理士　　新名　貴則

目次
Contents

はじめに

第1章　税効果会計の基礎

- **Q01** 税効果会計とはどのようなものですか？　なぜそのような会計処理が必要なのですか？ ……………………………………… 1
- **Q02** 法人税とはどのようにして計算されるのですか？ …………………… 8
- **Q03** どのような会社が，税効果会計を適用する必要があるのですか？ ……………………………………………………………………… 11
- **Q04** 税効果会計の基本的な計算の流れを教えてください。 …………… 13
- **Q05** 税効果会計の1年間の基本的な流れを教えてください。 ………… 16
- **Q06** 税効果会計の基本的な仕訳とはどのようなものですか？ ………… 20
- **Q07** 税効果会計を適用したために当期純損失を回避できることがあると聞きましたが，どのようなケースですか？ ……………… 26
- **Q08** 税効果会計の対象となる税金は，法人税・事業税・住民税だけですか？　固定資産税や事業所税などは対象とならないのですか？ …………………………………………………………………… 29

第2章　一時差異と永久差異

- **Q09** 一時差異と永久差異とは，どのように違うのですか？ …………… 31
- **Q10** 将来減算一時差異と将来加算一時差異とは，どのように違うのですか？　また，なぜ将来減算一時差異には繰延税金資産，将来加算一時差異には繰延税金負債が計上されるのですか？ …… 34
- **Q11** 一時差異はどの資料から集計してきたらよいのですか？ ………… 38
- **Q12** 資産負債法と繰延法とはどのようなものですか？　どちらを採用するかによって，何か違いがあるのですか？ ………………… 41

Q13	未払事業税とはどのようなものですか？ また，未払事業税は将来減算一時差異になるのに，未払法人税や未払住民税が一時差異にならないのはなぜですか？ ……………………… 46
Q14	交際費はなぜ永久差異になるのですか？ ………………… 49
Q15	税務上の繰越欠損金とはどのようなものですか？ ……… 51
Q16	税務上の繰越欠損金が税効果会計の対象になるというのは，どういうことですか？ …………………………………… 53

第3章 法定実効税率と税率差異

Q17	法定実効税率とはどのようなものですか？ 単純に税率を足し合わせただけではいけないのですか？ ……………… 55
Q18	税法の改正で税率が変わった場合は，どのような対応が必要なのですか？ ……………………………………………… 62
Q19	中小企業の軽減税率が適用される場合，法定実効税率はどのように計算したらよいのですか？ ……………………… 66
Q20	複数の地域に事業所を有している場合，法定実効税率はどのように算定したらよいのでしょうか？ ………………… 68
Q21	税率差異とは何ですか？ また，どのようなときに税率差異が生じるのですか？ ……………………………………… 69
Q22	なぜ住民税均等割が税率差異の原因になるのですか？ … 74
Q23	税率が改正された場合も税率差異が発生するのですか？ … 77
Q24	税率差異が異常に大きい数値になる場合，どのような原因が考えられますか？ ……………………………………… 79

第4章 繰延税金資産の回収可能性の判定

Q25	そもそも繰延税金資産を「回収する」とはどういう意味ですか？ ………………………………………………………… 85
Q26	回収可能性の判断を行う「スケジューリング」とは何ですか？ なぜスケジューリングが必要なのですか？ ……… 89

Q27	スケジューリングは具体的にどのように行えばよいのですか？ …………… 91
Q28	回収可能性についての5段階の会社区分とはどのような内容ですか？　なぜ会社区分を判定する必要があるのですか？ ……… 94
Q29	スケジューリングが不能な一時差異とは，どのようなものがあるのですか？　また，どのように扱えばよいのですか？ ……… 98
Q30	解消が長期に渡る将来減算一時差異とは，どのようなものがあるのですか？　また，どのように扱えばよいのですか？ ………100
Q31	役員退職慰労引当金のスケジューリングはどのように考えたらよいのですか？ ……………………………………………………103
Q32	将来の課税所得を見積もる際に必要な業績予測には，どのような数値を用いたらよいのですか？ …………………………………105
Q33	スケジューリングにおいて当期末に繰越欠損金がある場合や，将来減算一時差異が解消することで繰越欠損金が発生すると予想される場合はどのように扱えばよいのですか？ ……………108
Q34	タックスプランニングとは何ですか？　スケジューリングにおいてタックスプランニングはどのように扱えばよいのですか？ ………………………………………………………………………113
Q35	回収可能性の会社区分が区分③又は④但書と判定されたら，必ず5年内に解消可能な一時差異について繰延税金資産を計上することになるのですか？ ………………………………………116
Q36	どのようなときに回収可能性の見直しをするのですか？　また，その結果修正が発生した場合はどのように扱えばよいのですか？ ……………………………………………………………………117
Q37	回収可能性の判定が修正されるのは，具体的にどのようなケースですか？ ……………………………………………………120
Q38	回収可能性の判定が保守的すぎても問題になる場合があると聞きましたが，どういうことですか？ ……………………………124
Q39	評価性引当額とは何ですか？ ……………………………………126
Q40	税務上の繰越欠損金がある会社は繰延税金資産の計上が制限されるのであれば，そもそも繰越欠損金に対して繰延税金資産を計上すること自体がおかしいのではないですか？ ……………128
Q41	固定資産の減損損失についても，減価償却超過額と同様に回収可能性を考えてよいのですか？ ………………………………131

第5章　四半期決算及び連結決算

Q42 四半期決算において認められている税効果会計の処理とは，どのような処理ですか？ ……………………………………… 135

Q43 四半期特有の「年間見積実効税率」を用いた会計処理とは，どのような処理ですか？ ……………………………………… 139

Q44 四半期決算において，繰延税金資産の回収可能性の判定はどのように行えばよいのですか？ ………………………………… 142

Q45 税率が変わった場合，四半期決算においてはどのような対応が必要なのですか？ …………………………………………… 144

Q46 連結決算特有の税効果会計とはどのようなものですか？ また，なぜ必要なのですか？ ……………………………………… 149

Q47 連結決算特有の一時差異には，具体的にどのようなものがありますか？ ………………………………………………………… 154

Q48 連結子会社の時価評価をするときに，なぜ税効果会計を適用する必要があるのですか？ …………………………………… 156

Q49 未実現損益を消去するときに，なぜ税効果会計を適用する必要があるのですか？ …………………………………………… 160

Q50 債権債務を相殺消去するときに，なぜ税効果会計を適用する必要があるのですか？ ………………………………………… 164

Q51 連結決算特有の繰延税金資産の回収可能性については，どのように判定したらよいのですか？ …………………………… 168

Q52 連結決算日と決算日の異なる子会社や海外子会社がある場合，連結決算において適用すべき法定実効税率はどのように決めたらよいのですか？ ……………………………………………… 171

第6章　その他

Q53 貸借対照表における繰延税金資産・負債の，流動と固定の分類はどのように行うのですか？ ………………………………… 173

Q54 繰延税金資産と繰延税金負債は相殺してよいのですか？ ……… 176

Q55 連結財務諸表における繰延税金資産・負債の表示は，単体財務諸表における表示とは何か違いがあるのですか？ ……………… 179

| Q56 | これまでは業績が非常に悪く会社区分を区分⑤としていたので，繰延税金資産を計上していませんでしたが，業績が上向いたので当期末からは繰延税金資産を計上することになりそうです。どのような準備が必要ですか？ ……………… 182 |

| Q57 | 当期は法人税が発生しているのに，法人税等調整額を考慮した合計の税金費用はマイナス（利益が発生）になってしまいました。とても違和感があるのですが，これでおかしくはないのでしょうか？ …………………………………………………… 185 |

| Q58 | その他有価証券の評価差額金の会計処理に，なぜ税効果会計を適用する必要があるのですか？ ………………………………… 188 |

| Q59 | 圧縮記帳の会計処理に，なぜ税効果会計を適用する必要があるのですか？ ……………………………………………………………… 192 |

| Q60 | 繰延税金資産が純資産になるとはどういうことですか？ ………… 200 |

| Q61 | 国際会計基準（IFRS）が適用されたら，税効果会計にはどのような影響がありますか？ ……………………………………………… 203 |

第1章 税効果会計の基礎

税効果会計とはどのようなものですか？ なぜそのような会計処理が必要なのですか？

― Answer ―

　会計上の税引前当期純利益と，税金費用（法人税等）を適切に期間対応させるための会計処理です。現在の会計基準は税務とのズレが非常に多く，税引前当期純利益の額と法人税等の額が，あまりにもかけ離れた金額になりかねません。このような事態を解消し，適切な損益を把握するために税効果会計が必要になります。

1 ズレが生じる理由

　現在の会計基準は，会社の実態としての財政状態や経営成績を適切に把握するために，様々な会計処理を要求しています。特に近年では，「時価評価」や「発生主義」をより徹底するために，金融商品会計，退職給付会計，減損会計，資産除去債務などといった複雑な会計基準が，続々と導入されています。

　これに対して，税法も毎年のように改正が行われていますが，税法は「会社の適切な実態の把握」を目的としているわけではありません。税法においては，「課税の公平性」又は「政策的見地」などに重点を置いて，様々な処理が定められています。

　このように会計と税務の目的が明確に違っている以上，当然にズレが生じることになります。以下はその代表例です。

◆代表的な会計と税務のズレ

項目	会計	税務
賞与引当金繰入額	決算時点で発生している賞与の額を見積もり,費用に計上する	引当金を計上しただけでは損金にはならない。実際に賞与を支給して初めて損金になる
退職給付引当金繰入額	決算時点で発生している退職給付額を見積もり,費用に計上する	引当金を計上しただけでは損金にはならない。掛金の拠出,退職金の支払など,実際に支出をしたときに初めて損金になる
減損損失	決算時点で発生している固定資産の減損損失を見積もり,費用に計上する	減損損失を計上しただけでは損金にはならない。減損前の帳簿価額に基づく減価償却により,損金を計上する。または,その資産を除売却したときに,損金として計上する

　上記のような会計と税務のズレが存在することにより,会社の財務諸表は大きく影響を受けます。以下では,その簡単な事例を確認します。

2 事例でズレを確認

〈前提〉
　▶翌期に賞与の支給が行われたものとする
　▶法人税等の税率は40%とする

1　会計上の損益計算書

　上記の前提に基づく当期と翌期の会計上の損益計算書(税引前当期純利益まで)は,以下のとおりです。

【会計上の損益計算書】
(当期)

売上高	1,000
売上原価	500
賞与引当金繰入額	300
費用合計	800
税引前当期純利益	200

(翌期)

売上高	1,000
売上原価	500
費用合計	500
税引前当期純利益	500

2 税務上の損益計算書

これに対して税務上は，賞与引当金繰入額は当期の損金にはなりません。翌期において賞与の支給が行われているので，翌期に初めて損金となります。そこで，当期と翌期の税務上の損益計算書を作成すると以下のとおりです。

【税務上の損益計算書】

(当期)

売上高	1,000
売上原価	500
費用合計	500
税引前当期純利益 （課税所得）	500

法人税等はこの税務上の課税所得に基づいて，以下のとおりに算定されます。

課税所得500 × 税率40％ ＝ 法人税等200

(翌期)

売上高	1,000
売上原価	500
賞与引当金繰入額　認容	300
費用合計	800
税引前当期純利益 （課税所得）	200

法人税等はこの税務上の課税所得に基づいて、以下のとおりに算定されます。

> 課税所得200 × 税率40% = 法人税等80

3　損益計算書に法人税を計上

このようにして算定された法人税等を、先ほどの当期と翌期の会計上の損益計算書に反映させると、以下のとおりになります。

【会計上の損益計算書(税効果適用前)】

(当期)

売上高	1,000
売上原価	500
賞与引当金繰入額	300
費用合計	800
税引前当期純利益	200
法人税等	200
当期純利益	0

(翌期)

売上高	1,000
売上原価	500
費用合計	500
税引前当期純利益	500
法人税等	80
当期純利益	420

　本来税率は40％であるはずなのに、当期においては法人税等200が計上されており、その結果当期純利益はゼロになってしまっています。また、翌期においては税引前当期純利益500に対して法人税等が80しか計上されていません。どちらも、本来の税率である40％とはかけ離れた数字になっています。

　その原因は、賞与引当金繰入額が「税務上は当期の損金にはならず、翌期以

降の損金になる」からです。つまり，税引前当期純利益と，税務上の課税所得をベースとして算定された法人税等とが，適切に期間対応していないからなのです。しかし，その事実はこの損益計算書には何ら表現されていません。

4　税効果会計でズレを調整

そこで会計と税務のズレを調整するために登場するのが，税効果会計です。当期及び翌期の損益計算書において，税引前当期純利益と法人税等を適切に期間対応させるために，以下の会計処理を行います。

〈当期の仕訳〉

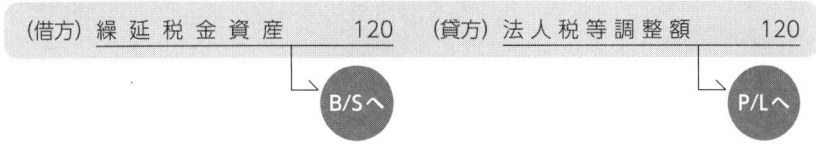

算定式：賞与引当金繰入額300　×　税率40％　＝　120

〈翌期の仕訳〉

当期においては，会計上の税引前当期純利益200に対して税務上の税引前当期純利益（課税所得）の方が500と多いので，そのままでは会計上の利益からすると多額すぎる法人税等が，損益計算書に計上されることになります。そこで法人税等を適切な金額まで減らすために，法人税等調整額を法人税等のマイナスとして貸方に計上します。そしてその相手勘定として，繰延税金資産を貸借対照表に計上しておきます。

当期に税務上の損金にならなかった賞与引当金繰入額は，翌期以降のどこかの期で税務上の損金になります。損金になった期には，当期とは逆に，会計上の利益からすると法人税等が少なすぎる状況になります。そこで貸借対照表に

計上しておいた繰延税金資産を取り崩して，必要な調整を行います。

　この会計処理を反映させた当期と翌期の損益計算書は，以下のとおりです。

【会計上の損益計算書(税効果適用後)】

(当期)

売上高	1,000
売上原価	500
賞与引当金繰入額	300
費用合計	**800**
税引前当期純利益	**200**
法人税等	200
法人税等調整額	△120
法人税等合計	**80**
当期純利益	**120**

(翌期)

売上高	1,000
売上原価	500
費用合計	**500**
税引前当期純利益	**500**
法人税等	80
法人税等調整額	120
法人税等合計	**200**
当期純利益	**300**

　このように税効果会計を適用することにより，会計上の税引前当期純利益に本来の税率40％を乗じた金額が，法人税等合計として計上されることになり，会計上の利益と法人税等が適切に対応することになるのです。

5　税効果会計の適用前後

　最後に，税効果会計の適用前と適用後の損益計算書を並べて，その違いを確認しておきましょう。

第1章　税効果会計の基礎

適用前

(当期)

売上高	1,000
売上原価	500
賞与引当金繰入額	300
費用合計	800
税引前当期純利益	200
法人税等	200
当期純利益	0

(翌期)

売上高	1,000
売上原価	500
費用合計	500
税引前当期純利益	500
法人税等	80
当期純利益	420

16%

適用後

売上高	1,000
売上原価	500
賞与引当金繰入額	300
費用合計	800
税引前当期純利益	200
法人税等	200
法人税等調整額	△120
法人税等合計	80
当期純利益	120

売上高	1,000
売上原価	500
費用合計	500
税引前当期純利益	500
法人税等	80
法人税等調整額	120
法人税等合計	200
当期純利益	300

40%

法人税とはどのようにして計算されるのですか？

― Answer
損益計算書に記載される会計上の「当期純利益」から，会計と税務にズレがある項目を法人税申告書上で調整して，税務上の「課税所得」を算定します。これに法人税率を乗じることで法人税額が算定されます。

❶ 確定決算主義

法人税は，会社の「もうけ」に対して法人税率を乗じることで算定されます。そこで，この「もうけ」をどのように算定するかが問題となります。基本的には下記のとおり，益金から損金を差し引くことで算定されます。

> 益金 － 損金 ＝ もうけ（所得）

法人税は法人税申告書で計算を行います。では，申告書の中で益金から損金を差し引く計算をするのかというと，そうではありません。会社は決算時期に必ず損益計算書を作成しており，収益から費用を差し引いて「当期純利益」を算定しています。せっかくそこまで計算しているのですから，法人税申告書でも，決算で確定した「当期純利益」を利用して税金を算定するという形を採用しています。これを確定決算主義といいます。

❷ 会計と税務のズレ

では，損益計算書の「当期純利益」に法人税率を乗じたら税額が出るのでしょうか？　答えは「NO」です。実は損益計算書で算定される当期純利益は，あくまで「会計上の」もうけであって，「税務上の」もうけとは異なります。

税務上のもうけのことを「課税所得」といいますが，「当期純利益」と「課税所得」とでは，それを算定する目的が以下のとおり異なります。

◆当期純利益と課税所得の目的

名称	目的
当期純利益 （会計上のもうけ）	会社が実態としてどれだけもうかっているのか，ということを適切に把握すること
課税所得 （税務上のもうけ）	実態としてどれだけもうかっているか，というよりは「公平な課税」や「政策的な課税」を行うこと

　会計上は会社の実態としての財政状態や経営成績の把握を目的としているため，例えば確定していない収益や費用であっても，発生する可能性が高ければ，金額を見積もって計上することがあります。しかし，税務上はこのような見積り計上が多くなると，会社によって差が生じて公平性を欠くことになりかねません。このため，税務上は基本的に確定したものだけを計上します。したがって，会計上は収益になるが税務上では益金にならない，会計上は費用になるが税務上では損金にならない，あるいはこれらの逆，といった会計と税務のズレが生じるのです。以下には，Q1で挙げたもの以外を示します。

◆会計と税務のズレ

項目	会計	税務
貸倒引当金繰入額	決算時点で見積り計上する	一部見積りの要素もあるが，貸倒れがほぼ確実になって初めて損金になる
交際費	発生時に計上する	中小企業を除き，税務上は損金にならない
法人税	発生時に計上する	税務上は損金にならない

❸ 法人税の計算

上述のように，会計と税務にはズレがありますので，これを調整してやる必要があります。この調整を法人税申告書で行います。

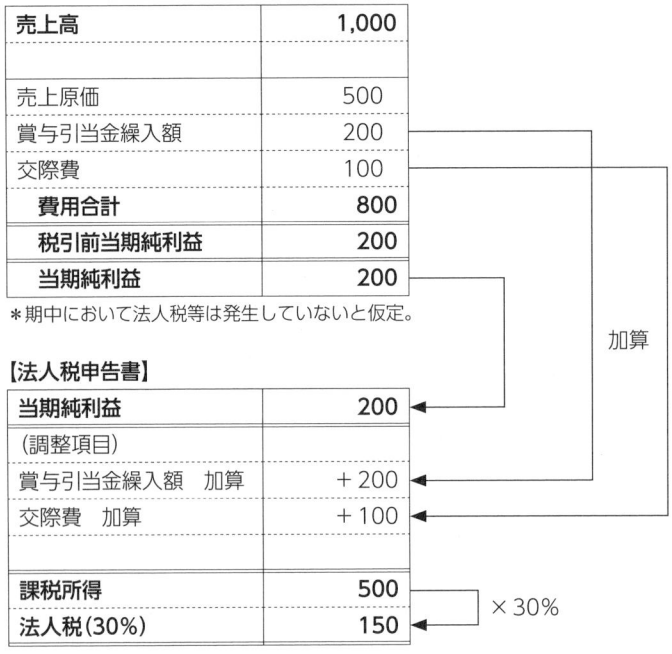

このように，会計上の当期純利益200に，税務上は損金にならない賞与引当金繰入額200と交際費100を足し戻してやることで，課税所得が500と算定されます。そしてここに法人税率30％を乗じて，法人税額は150と算定されます。

第1章　税効果会計の基礎

どのような会社が，税効果会計を適用する必要があるのですか？

─ Answer ─

　上場会社等や，非上場でも会計監査人を設置している会社では，監査人の監査を受けるため当然に適用する必要があります。それ以外の中小企業でも，会計と税務の重要なズレがある場合は適用すべきです。

❶ 上場会社等

　上場会社等の金融商品取引法の適用を受ける会社では，有価証券報告書に連結財務諸表及び財務諸表を記載する必要があり，これについて監査人（公認会計士又は監査法人）の監査を受けます。したがって，当然に税効果会計を適用する必要があります。また，その連結対象となるグループ会社も，連結財務諸表作成のために税効果会計を適用する必要があります（グループ会社の単体決算では適用せず，親会社の連結手続上で必要な処理をする方法もあります）。

❷ 会計監査人を設置している会社

　上場はしておらず金融商品取引法の適用を受けていなくても，資本金5億円以上又は負債総額200億円以上で会社法上の大会社に当たる会社は，会計監査人（公認会計士又は監査法人）を設置し，その監査を受けなければなりません。また，これ以外でも任意で会計監査人を設置している会社は，その監査を受けることになります。したがって，当然に税効果会計を適用する必要があります。

❸ その他の中小企業

　監査法人の監査を受けることのない中小企業では，会計基準よりはむしろ法人税法に基づいた，いわゆる「税務会計」を行っている会社が多いと思われます。したがって，税効果会計など多くの会社は適用していないと考えられます。

実際，このような会社では基本的に法人税法を根拠とした会計処理を行っているので，会計と税務のズレがほとんど発生しません。その結果，税効果会計を適用してもしなくても，それほど重要な違いはないことが多いのでしょう。しかし，退職給付引当金や減損損失は計上していなくても，賞与引当金や未払事業税などは計上している会社もあり，これらは会計と税務のズレに当たります。

　日本公認会計士協会や日本税理士会連合会などは，中小企業が「準拠することが望ましい」会計指針として，「中小企業の会計に関する指針」を公表しています。この中には，一時差異（会計と税務のズレ）に重要性がある場合は税効果会計を適用すべき旨が記載されています。またこのことは，日本税理士会連合会が公表している「『中小企業の会計に関する指針』の適用に関するチェックリスト」にも明記されています。このチェックリストは，金融機関から融資を受ける際に提出すれば，金利が下がることがあります。このとき，重要な会計と税務のズレがあるのに税効果会計を適用していないと，「NO」にチェックを入れることになり，理由の説明が必要になってしまいます。

　以上のことから，監査法人の監査を受けない中小企業であっても，重要な会計と税務のズレがある場合は税効果会計を適用すべきと言えます。

第1章 税効果会計の基礎

税効果会計の基本的な計算の流れを教えてください。

─ Answer ─

一時差異（会計と税務のズレ）を集計し，これに法定実効税率を乗じて繰延税金資産・負債を算定するのが基本です。しかし，繰延税金資産については回収可能性に応じて調整が必要です。

❶ 一時差異の集計

税効果会計の対象となるのは，「一時差異」と呼ばれる会計と税務のズレです。つまり，「会計上は当期の費用になるが，税務上は当期の損金にならない」といったものです。まずはこれを集めてくる必要があります。

このズレのほとんどは，法人税を計算する際に，法人税申告書の「別表四」や「別表五（一）」に記載されますので，これらの別表に記載されている税効果の対象となる項目を集計します。具体的には，以下のような項目です。

- ◎ 賞与引当金
- ◎ 貸倒引当金
- ◎ 退職給付引当金
- ◎ 未払事業税
- ◎ 未払事業所税
- ◎ 減損損失（減価償却超過額）
- ◎ 有価証券評価損　　など

❷ 法定実効税率の計算

税効果会計は，法人税等の金額を調整する処理ですから，単にズレ項目を集めてきただけではいけません。これに税率をかけて税額ベースに置き換える必要があります。そこで「法定実効税率」と呼ばれる，会社が実質的に負担する

— 13 —

ことになる税額を求めるための，特殊な税率を算定します。

　税効果会計の対象となる税金は，法人税・事業税（所得割）・住民税（法人税割）ですから，単純にこれらの税率を足し合わせたらよいようにも思えます。ところが実際はそうではありません。法人税と事業税（所得割）は，同じく**「課税所得×税率」**で算定するものなので，税率を足し合わせることができます。しかし，住民税（法人税割）はこれらと異なり**「法人税額×税率」**で算定するものなので，法人税率や事業税率と，住民税率を単純に足し合わせても意味がないのです。

　さらには，事業税は翌期の申告時に税務上の損金となりますので，実質的に会社が負担する税額を下げる効果があります。そこで法定実効税率を算定する際には，この効果も反映させる必要があります。最終的にこれらすべてを反映した，法定実効税率を求めるための算定式は以下のとおりです。

$$法定実効税率 = \frac{法人税率 \times (1+住民税率) + 事業税率}{1+事業税率}$$

　集計した一時差異にこの法定実効税率を乗じて，繰延税金資産と繰延税金負債を算定します。

❸ 繰延税金資産の回収可能性

　集計してきた一時差異のうち，「当期は税務上の損金にならないが，将来どこかで損金になるもの」は，将来において課税所得を減らして税金を減らす効果があります。そこで，このような一時差異は「将来減算一時差異」と呼ばれます。この将来減算一時差異に法定実効税率を乗じることで，繰延税金資産が算定されます。

　では，そのようにして算定された繰延税金資産の全額が貸借対照表に計上されるのかというと，実はそうではありません。ここが税効果会計を理解しにくいものにしているのですが，ポイントはその一時差異が「本当に将来の税金を減らせるのか？」ということです。

当期に賞与引当金を計上した場合，会計上は賞与引当金繰入額が費用に計上されますが，税務上は損金にはならないので，法人税申告書において調整することになります。そして，翌期に実際に賞与を支給した時点で税務上の損金になります。とすると，「翌期に実際に支給してしまえば，賞与引当金を損金に計上することになるのだから，翌期の税金を減らすのは間違いないじゃないか」と思うかもしれません。しかし仮に，翌期以降ずっと赤字が続くとしたらどうでしょうか？　せっかく賞与引当金を損金に計上したとしても，そもそも赤字で法人税など発生しないのであれば，結局税金を減らす効果などないことになります。繰越欠損金に含まれたまま数年が経ち，結局期限切れで切り捨てられてしまいます。

　そこで繰延税金資産を計上する際には，その一時差異が「本当に将来の税金を減らせるのか？」という検討を行います。その上で「確かに減らせそうだ」と判定された一時差異についてのみ，「回収可能性がある」として繰延税金資産の計上が認められます。このため，集計してきた将来減算一時差異は「一体いつ損金になるのか？」，「そのときに，その損金を吸収できるほどの利益（課税所得）は出ているのか？」という回収可能性の検討を行うことになります。

税効果会計の1年間の基本的な流れを教えてください。

Answer

四半期や期末などの決算期ごとに，一時差異の集計や回収可能性の検討を行い，必要な仕訳を計上します。期中において，日常的に何かを行う必要があるわけではありません。

税効果会計の作業は，基本的には決算の時期だけです。売上高や旅費交通費などのように，期中において日常的に作業が必要なものではありません。四半期決算がある会社であれば四半期決算ごとに，期末決算のみの会社であれば期末決算ごとに作業を行います。3月決算の会社では，以下のようなスケジュールになります。

◆税効果会計の年間スケジュール（イメージ）

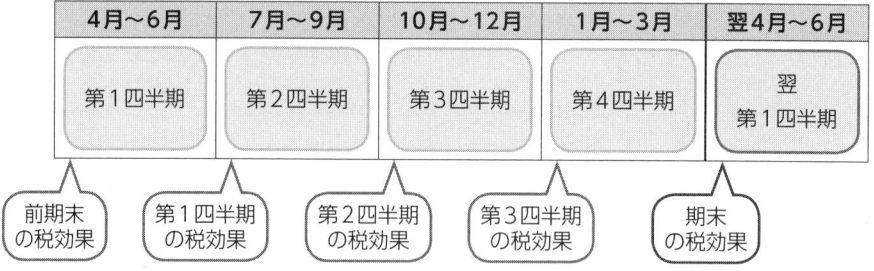

❶ 期末決算の作業

期末決算の都度，以下の作業を行うことになります。
◎一時差異の集計
◎法定実効税率の算定
◎繰延税金資産の回収可能性の判定
この結果算定された期末に計上すべき繰延税金資産・負債の残高と，期首の

繰延税金資産・負債の残高を比較し，その差額を調整する以下の仕訳を計上します。

(借方) 繰 延 税 金 資 産	××	(貸方) 法 人 税 等 調 整 額	××
(借方) 法 人 税 等 調 整 額	××	(貸方) 繰 延 税 金 負 債	××

* 期首残高より期末に計上すべき残高の方が少ない場合には，この仕訳の借方と貸方が逆転します。
* 四半期決算を行っており，直前四半期の税効果会計の仕訳が計上されている場合は，これを戻し入れる必要があります。

2 四半期決算の作業

上場会社等の四半期決算のある会社では，四半期決算の際にも税効果会計の作業が必要です。その内容としては，原則としては期末決算と同様の作業を行うことになります。また，その仕訳も期末決算と同様です。

しかし，四半期決算の開示にはスピードが求められます。四半期決算の都度，期末決算と同じ作業を必ず行わなければならないとすると，非常に煩雑です。そこで，四半期決算の税効果会計としては，期末決算と比べて簡便的な方法が認められています。

1 年間見積実効税率を用いる場合

この方法では，法人税等と法人税等調整額を合算した，税効果適用後の法人税等の合計額をまとめて算定して計上します。まずは1年間の税引前当期純利益と税効果会計適用後の法人税等の合計額を見積もり，その税率（見積実効税率）が何％になるかを見積もります。ここで算定された見積実効税率を四半期の税引前純利益に乗じることで，四半期における税効果会計適用後の法人税等の合計額を算定します。

$$\frac{1年間の税効果適用後の法人税等の額（予想）}{1年間の税引前当期純利益（予想）} = \text{見積実効税率}$$

四半期の税引前純利益 × **見積実効税率** ＝ 四半期の法人税等（税効果適用後）

税効果会計を適用する場合，通常は損益計算書には「法人税等」と「法人税等調整額」が別々に計上され，その合計額が税引前当期純利益と適切に対応することになります。しかし，この方法では以下の仕訳のとおり，まとめて「法人税等」として計上されることになります。

〈前四半期の仕訳の戻入〉

(借方) 未 払 法 人 税 等　　××　(貸方) 法　　人　　税　　等　　××

〈当四半期の仕訳の計上〉

(借方) 法　　人　　税　　等　　××　(貸方) 未 払 法 人 税 等　　××

2　期末決算と同様に法人税等を計上する場合

　四半期の法人税等を，期末決算と同様に算定して計上する場合は，これとは別に税効果会計の仕訳を計上する必要が生じます。このとき，原則的には税効果会計についても期末決算と同様の手続を行うことになるのですが，下記のとおり簡便的な取扱いが認められています。

項目	簡便的な取扱い	条件
一時差異	重要な差異だけに限定して計算できる	財務諸表利用者の判断を誤らせないこと
回収可能性の判定	前期末における判定時に使用した，将来の業績予測やタックスプランニングを利用できる	①経営環境に著しい変化が生じていないこと ②一時差異等の発生状況について前年度から大きな変動がないこと

　この取扱いにより，期末決算と比べると簡便的に四半期末に計上すべき繰延税金資産・負債の残高を算定することができます。ただし，繰延税金資産・負債を簡便的に算定できるだけであって，仕訳は期末決算と同様の仕訳を計上する必要があります。

❸　実務上の注意点

　ここまでで解説したとおり，税効果会計の作業は基本的に決算時に行うもの

です。しかし，その内容は「見積り」の要素を非常に多く含むものです。例えば，回収可能性の判定を行う中で，「繰延税金資産の回収可能性の判断に関する監査上の取扱い（監査委員会報告第66号）」に従って，会社が過去の業績等に関し5段階の区分のどこに該当するかを判断する必要があります。これなどは非常に「見積り」の要素が強く，人によって判断が異なる可能性が高いところであり，決算の段階で意見が分かれて混乱することがよくあります。

　このような事態を避けるために，税効果会計の担当者が勝手に判断してしまうのではなく，期中の段階から社内での方針統一を行うとともに，監査法人にも報告して合意を取り付けておくことが望ましいです。

税効果会計の基本的な仕訳とはどのようなものですか？

Answer

算定された繰延税金資産・負債の額について，以下の仕訳を計上します。

(借方) 繰延税金資産　　××　　(貸方) 法人税等調整額　××
(借方) 法人税等調整額　××　　(貸方) 繰延税金負債　　××

❶ 繰延税金資産

税効果会計の対象となる会計と税務のズレ（一時差異）には，繰延税金資産の対象となる「将来減算一時差異」と，繰延税金負債の対象となる「将来加算一時差異」があります。実務においては，この両方の一時差異を集計してきて，繰延税金資産・負債を計上することになります。しかし，有価証券評価差額や圧縮記帳などの少々特殊な会計処理を除くと，一時差異の大半は繰延税金資産の対象となる「将来減算一時差異」です。そこで，まずは繰延税金資産だけを想定した基本的な仕訳を確認します。

1 当期

【損益計算書（法人税等は未計上）】

売上高	1,000
売上原価	500
賞与引当金繰入額	300
費用合計	800
税引前当期純利益	200
当期純利益	200

【法人税等の計算】

当期純利益	200
賞与引当金繰入額　加算	＋300
課税所得	500
法人税(40％)	200

（加算）

ここで，税効果会計の仕訳ではありませんが，まず法人税等の仕訳が発生します。

（借方）法　人　税　等　　200　　（貸方）未 払 法 人 税 等　　200

さらに，今回加算した「賞与引当金」は，翌期の支給時に税務上の損金となり課税所得を減らすことになるので，「将来減算一時差異」に当たります。本当であれば，ここで回収可能性の判定を行う必要がありますが，ここでは回収可能性があるものとして進めます。

一時差異

(将来減算一時差異)	
賞与引当金	300
将来減算一時差異　合計	300

× 実効税率40％ → 繰延税金資産　120

以上より，税効果会計の仕訳としては以下の仕訳が発生します。

| (借方)繰延税金資産 | 120 | (貸方)法人税等調整額 | 120 |

この結果，当期の税効果会計適用後の損益計算書は以下のとおりになります。

【損益計算書（税効果適用後）】

売上高	1,000
売上原価	500
賞与引当金繰入額	300
費用合計	**800**
税引前当期純利益	**200**
法人税等	200
法人税等調整額	△120
法人税等合計	**80**
当期純利益	**120**

【貸借対照表（税効果適用後）】

…	…
繰延税金資産	120
…	…

2 翌 期

【損益計算書（法人税等は未計上）】

売上高	1,000
売上原価	500
賞与引当金繰入額	400
費用合計	900
税引前当期純利益	100
当期純利益	100

【法人税等の計算】

当期純利益	100
賞与引当金繰入額　加算	＋400
賞与引当金繰入額　認容＊	△300
課税所得	200
法人税等（40％）	80

＊前期において加算したもの。翌期に実際に支給が行われたので，損金として認容します。

　ここで，税効果会計の仕訳ではありませんが，まず法人税等の仕訳が発生します。

(借方) 法　人　税　等	80	(貸方) 未 払 法 人 税 等	80

次に，期末に計上されるべき繰延税金資産の残高を算定します。

一時差異

（将来減算一時差異）	
賞与引当金	400
将来減算一時差異　合計	400

× 実効税率40％ → 繰延税金資産　160

　期末のあるべき繰延税金資産残高は160となり，前期末より40増加することになりました。そこで，税効果会計の仕訳としては以下の仕訳が発生します。

| (借方) 繰延税金資産 | 40 | (貸方) 法人税等調整額 | 40 |

この結果，当期の税効果会計適用後の損益計算書は以下のとおりになります。

【損益計算書（税効果適用後）】

売上高	1,000
売上原価	500
賞与引当金繰入額	400
費用合計	900
税引前当期純利益	100
法人税等	80
法人税等調整額	△40
法人税等合計	40
当期純利益	60

【貸借対照表（税効果適用後）】

…	…
繰延税金資産	160
…	…

❷ 繰延税金負債

上述したように，有価証券評価差額や圧縮記帳などの少々特殊な会計処理を除けば，将来加算一時差異が発生するケースは限定的です。しかし，一時差異の集計の結果将来加算一時差異が発生した場合は，繰延税金負債を計上する必要があります。この場合，繰延税金資産と同様に以下のとおり仕訳が発生します。

1 当期

一時差異

(将来加算一時差異)	
××	500
将来加算一時差異　合計	500

× 実効税率40% → 繰延税金負債　200

以上より，税効果会計の仕訳としては以下の仕訳が発生します。

(借方) 法人税等調整額　　200　　(貸方) 繰延税金負債　　200

2 翌期

一時差異

(将来加算一時差異)	
××	600
将来加算一時差異　合計	600

× 実効税率40% → 繰延税金負債　240

期末のあるべき繰延税金負債残高は240となり，前期末より40増加することになりました。そこで，税効果会計の仕訳としては以下の仕訳が発生します。

(借方) 法人税等調整額　　40　　(貸方) 繰延税金負債　　40

Q07

税効果会計を適用したために当期純損失を回避できることがあると聞きましたが，どのようなケースですか？

Answer

不良債権や不採算資産を処理するために，税務上の要件を満たしていない貸倒引当金や減損損失を計上した場合などに，このような場合があります。

会社が不良債権や不採算設備を抱えている場合，いずれはこれらを処理（費用計上）してしまう必要があります。例えば不採算の工場設備について当期末に多額の減損損失を計上するようなケースです。このような場合，以下の事例のとおり当期においては多額の減損損失が計上されるものの税務上の損金にはならないので，法人税等も多額に発生することになります。

【損益計算書（法人税等は未計上）】

売上高	1,000
売上原価	500
減損損失	400
費用合計	900
税引前当期純利益	100
当期純利益	100

【法人税等の計算】

当期純利益	100
減損損失　加算	+400
課税所得	500
法人税等（40%）	200

加算

算定された法人税等を先ほどの損益計算書に反映させると，結果は以下のとおり赤字になってしまいます。

【損益計算書(税効果会計適用前)】

売上高	1,000
売上原価	500
減損損失	400
費用合計	900
税引前当期純利益	100
法人税等	200
当期純利益	△100

ここで，今回加算した減損損失は，翌期以降の減価償却に応じて（あるいは除売却時に）税務上の損金となり課税所得を減らすことになるので，「将来減算一時差異」に当たります。本当であれば，ここで回収可能性の判定を行う必要がありますが，ここでは回収可能性があるものとして進めます。

一時差異

(将来減算一時差異)	
減損損失	400
将来減算一時差異　合計	400

× 実効税率40% → 繰延税金資産　160

以上より，税効果会計の仕訳としては以下の仕訳が発生します。

(借方) 繰 延 税 金 資 産　　160　　(貸方) 法 人 税 等 調 整 額　　160

この結果，当期の税効果会計適用後の損益計算書は以下のとおりになります。

【損益計算書(税効果適用後)】

売上高	1,000
売上原価	500
減損損失	400
費用合計	**900**
税引前当期純利益	**100**
法人税等	200
法人税等調整額	△160
法人税等合計	**40**
当期純利益	**60**

　このように，税効果会計を適用しなければ当期純損失になるところだったものが，税効果会計を適用することによって当期純利益を確保できることになりました。これにより，投資家や金融機関に対して「赤字でした」と報告しなければならない事態からは解放されました。

　ただし，ここで注意が必要なことは，翌期以降に減損損失が認容される（損金になる）ことによって，繰延税金資産の取崩しが発生するということです。したがって，翌期以降においては当期純利益を押し下げる要因になります。

Q08

税効果会計の対象となる税金は，法人税・事業税・住民税だけですか？ 固定資産税や事業所税などは対象とならないのですか？

Answer

会社の利益を基礎として課税される税金だけが対象となりますので，法人税（復興特別法人税含む），事業税の所得割（地方法人特別税含む），住民税の法人税割だけが対象となります。

会計と税務には，その目的の違いから多くのズレがあります。このため，会計上の利益と税務上の課税所得にはズレが生じます。法人税等は税務上の課税所得に税率を乗じることで算定されますので，その結果，会計上の利益と法人税等の金額は適切に対応しないことになります。

【会計上の利益と法人税等のズレ】

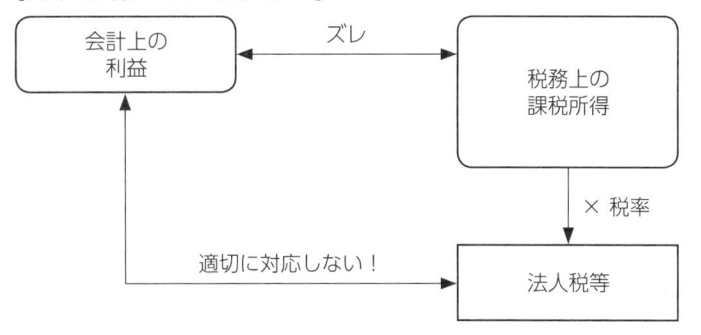

```
会計上の利益  ←ズレ→  税務上の課税所得
                          │×税率
                          ↓
       適切に対応しない！ → 法人税等
```

そこでこのズレを調整し，会計上の利益と法人税等を適切に対応させるために登場するのが税効果会計です。ということは，そもそも会計上の利益を基礎として課税される税金が対象となり，それ以外のものを基礎として課税される税金は対象とならないことになります。

◆各種税金とその課税の基礎

税金	課税の基礎	税効果の対象
法人税	利益(を調整した所得)	○
事業税(所得割)	利益(を調整した所得)	○
住民税(法人税割)	利益を基礎として算定された法人税額	○
事業税(外形標準課税)	付加価値額, 資本等の額	×
住民税(均等割)	資本金等や従業員数	×
固定資産税	固定資産の評価額	×
事業所税	事業所等の床面積や給与総額	×

　このとおり，利益を基礎として課税される法人税及び事業税（所得割）と，その法人税額を基礎として課税される住民税（法人税割）だけが，税効果会計の対象となります。

第2章 一時差異と永久差異

Q09 一時差異と永久差異とは、どのように違うのですか？

Answer
一時差異：会計と税務のズレのうち、将来いつかは解消するもの
永久差異：会計と税務のズレのうち、未来永劫解消することのないもの

　会計と税務では、その目的の違いから様々なズレが存在します。そして、一口にズレといっても、「一時的にズレるが、長い目で見るとズレがなくなるもの」と「一旦ズレたら未来永劫ズレたままのもの」の2つがあります。税効果会計においては、前者を「一時差異」、後者を「永久差異」と呼んでいます。では、それぞれを具体例で確認してみます。

❶ 一時差異

　一時差異の代表例として賞与引当金繰入額があります。これがどのようにしてズレて、どのようにして解消するのか確認してみます。

【会計と税務の比較（当期）】

会計

売上高	1,000
売上原価	500
賞与引当金繰入額	300
費用合計	800
税引前当期純利益	200

←ズレ→

税務

売上高	1,000
売上原価	500
（なし）	
損金合計	500
課税所得	500

会計上は，期末日後に予定されている賞与支給額のうち，期末日時点で既に発生している部分については賞与引当金を計上します。そしてこれが損益計算書に費用として計上されます。しかし税務上は，賞与は実際に支給して初めて損金に計上できます。そこで，会計と税務の間で前頁のようなズレが発生します。このズレは法人税申告書の別表五（一）に記載され，賞与が支給されるときまで留保状態となります。

　次に，翌期において賞与を支給したときの会計と税務を比較してみます。

【会計と税務の比較（翌期）】

会計

売上高	1,000
売上原価	500
（なし）	
費用合計	500
税引前当期純利益	500

←解消！→

税務

売上高	1,000
売上原価	500
賞与引当金繰入額　認容	300
損金合計	800
課税所得	200

　会計上は，賞与引当金部分は既に当期に計上してしまっているため，翌期の損益計算書には登場しません。しかし税務上はここで初めて，留保していた賞与引当金が損金として「認容」されます。改めて当期と翌期を眺めると，それぞれの期は会計と税務の数字は異なっていますが，通算してみると全く同じ，つまりズレが「解消」していることがわかります。このように，一時的にはズレるがいつかは解消するものを「一時差異」と呼び，このタイムラグを調整するために税効果会計が登場します。

❷ 永久差異

　永久差異の代表例として交際費があります。これがどのようにズレるのかを確認してみます。

【会計と税務の比較(当期)】

会計		税務	
売上高	1,000	売上高	1,000
売上原価	500	売上原価	500
交際費	300	(なし)	
費用合計	800	損金合計	500
税引前当期純利益	200	課税所得	500

← ズレ！ →

　会計上は，接待などに使った交際費は当然に費用として計上されます。しかし法人税においては，交際費の全額（中小企業では一部）が損金として認められません。これは，「将来いつか経費として認められる」というものではなく，完全な「切り捨て」です。法人税申告書の別表五（一）に記載されて留保状態になることもありません。したがって，翌期以降も損金になることはなく，ズレが解消することはありません。

【会計と税務の比較(翌期)】

会計		税務	
売上高	1,000	売上高	1,000
売上原価	500	売上原価	500
(なし)		(なし)	
費用合計	500	損金合計	500
税引前当期純利益	500	課税所得	500

← 解消せず！ →

　交際費は完全に切り捨てられているため，翌期においても解消することはありません。このような将来的にも解消しようのないズレを「永久差異」と呼びます。これについては調整のしようがないことから税効果会計の対象とはなりません。

Q10

将来減算一時差異と将来加算一時差異とは、どのように違うのですか？ また、なぜ将来減算一時差異には繰延税金資産、将来加算一時差異には繰延税金負債が計上されるのですか？

Answer

将来減算一時差異：将来において税務上の課税所得を減らすことになるズレ

将来加算一時差異：将来において税務上の課税所得を増やすことになるズレ

一時差異とは、会計と税務のズレのうち「一時的にズレるが、長い目で見るとズレがなくなるもの」をいいます。そして、一口に「一時的なズレ」といっても、そのズレ方には以下の2つのパターンがあります。

① 一時的に会計上の利益より税務上の課税所得の方が大きくなり、後に課税所得の方が小さくなるもの（将来減算一時差異）

② ①と逆になるもの（将来加算一時差異）

1 将来減算一時差異

会計上は発生主義が基本であるため、確定していない費用であっても、見積りベースで計上するものが多くあります。例えば賞与引当金繰入額や減損損失などです。これらは、まず会計上の費用になりますが、税務上は損金にならないので、税務上の課税所得を加算することになります。そして将来、税務上の損金として認められるタイミングで、税務上の課税所得を減らす（減算する）ことになります。つまり、「将来に課税所得を減算する差異」なので将来減算一時差異と呼ばれます。

第2章 一時差異と永久差異

1 当 期

【損益計算書(法人税等は未計上)】

売上高	1,000
売上原価	500
賞与引当金繰入額	300
費用合計	800
税引前当期純利益	200
当期純利益	200

【法人税等の計算】

当期純利益	200
賞与引当金繰入額　加算	+300
課税所得	500
法人税等(40%)	200

加算

一時差異

(将来減算一時差異)	
賞与引当金	300

2 翌 期

【損益計算書(法人税等は未計上)】

売上高	1,000
売上原価	500
費用合計	500
税引前当期純利益	500
当期純利益	500

【法人税等の計算】

当期純利益	500
賞与引当金　認容	△300
課税所得	200
法人税等(40%)	80

将来減算

このように，将来的に課税所得を減らし（減算し）税金を減らす効果がある一時差異であるため，資産性があるとして繰延税金資産を計上することになります。

❷ 将来加算一時差異

会計と税務を比べると，会計の方が先に費用計上をするパターンの方が多いのですが，例外もあります。例えば特別償却などです。これらは，会計上は費用になりませんが，先に税務上の損金になりますので，まずは税務上の課税所得を減算することになります。そして，後から徐々に税務上の課税所得を増やす（加算する）ことになります。つまり，「将来に課税所得を加算する差異」なので将来加算一時差異と呼ばれます。

1 当 期

【損益計算書（法人税等は未計上）】

売上高	1,000
売上原価	500
費用合計	500
税引前当期純利益	500
当期純利益	500

【法人税等の計算】

当期純利益	500
特別償却額　減算	△300
課税所得	200
法人税等(40%)	80

一時差異

（将来加算一時差異）	
特別償却準備金	300

2 翌 期

【損益計算書（法人税等は未計上）】

売上高	1,000
売上原価＊	800
費用合計	800
税引前当期純利益	200
当期純利益	200

＊特別償却額に相当する償却額が含まれます。

【法人税等の計算】

当期純利益	200
特別償却額　加算＊	＋300
課税所得	500
法人税等(40％)	200

＊本来は数年にわたり徐々に解消しますが，ここでは説明のため一度に解消させています。

将来加算

　このように，将来的に課税所得を増やし（加算し）税金を増やす効果がある一時差異であるため，負債性があるとして繰延税金負債を計上することになります。

Q11

一時差異はどの資料から集計してきたらよいのですか？

Answer

法人税申告書の別表四と別表五（一）から，ほとんど集計できます。ただし，未払事業税や繰越欠損金については別途集計が必要です。

1 大半の一時差異

　税効果会計の対象となる一時差異とは，会計と税務のズレのうち「一時的にズレるが，長い目で見るとズレがなくなるもの」です。法人税の計算は，会計上の利益をスタートとして，法人税申告書において会計と税務のズレを調整して，税務上の課税所得を算定するという方法を採用しています。ということは，法人税申告書においてズレを調整する別表があるはずであり，それが「別表四」です。また，一時的にズレたものの中でも，将来的に解消するものについてはどこかに記録しておく必要があり，これが「別表五（一）」です。ということは，一時差異については別表四と別表五（一）を確認すれば，集計できることになります。

【別表四と別表五（一）のイメージ】

別表四

区分		総額	処分	
			留保	社外流出
	当期利益			
加算	賞与引当金　加算	+300	300	
	交際費　加算	+100		100＊
減算	特別償却額　減算	△200	200	
	〜			
	所得金額			

＊交際費は将来的にも税務上の損金にはならないので，別表五（一）には記載しません。

別表五（一）

区分	期首	当期の増減		期末
		減少	増加	
利益準備金				
積立金				
賞与引当金			300	300
特別償却準備金			△200	△200
繰越損益金				
納税充当金				
未納法人税等				
差引合計額				

一時差異の期末残高！

このように，別表四で加算又は減算した項目のうち，将来的に減算又は加算されてズレが解消されるものが，別表五（一）に記載されます。交際費のように，永久にズレが解消しないものは別表五（一）には記載されません。したがって，税効果会計の対象となる期末の一時差異の残高は，別表五（一）の右端の列を確認すれば集計できると言えます。

❷ 未払事業税

会社は通常，期末に法人税や地方税の申告書を作成し，期末の未納税額について次のような仕訳を計上します。

（借方）	法人税等（法人税）	500	（貸方）	未 払 法 人 税 等	800
	法人税等（事業税）	200			
	法人税等（住民税）	100			

これにより，会計上は法人税等800が損益計算書に費用として計上されますが，これらは税務上は当期の損金として認められないため，法人税申告書においてこの全額を加算することになります。このうち法人税と住民税は，翌期以降も未来永劫損金にはならないのでここで切り捨てですが，事業税は翌期に申告書を提出した時点で税務上の損金として認められます。ということは，未払事業税も一時差異になるということです。

では，この未払事業税も別表五（一）から簡単に集計できるかというと，そうではありません。直接その金額が書かれている箇所がないので，別途集計することになります。実際には，以下の方法で集計することになると考えられます。

・都道府県に提出する地方税の申告書から，事業税（及び地方法人特別税）の期末未納税額を集計する
・上記の仕訳が既に確定している場合は，未払事業税の金額だけ把握する

3 繰越欠損金

　税務上の繰越欠損金とは，税務上の課税所得がマイナス（欠損金）になった場合，これを将来に繰り越して，将来プラスの課税所得が発生した場合にこれと相殺できるというものです。つまり，将来の課税所得を減らす（減算する）効果があるので，「一時差異に準じるもの」として繰延税金資産の対象となっています。

　この繰越欠損金の期末残高は，法人税申告書の別表七（一）の右端の列「翌期繰越額」の，「合計」欄の金額を集計します。

Q12

資産負債法と繰延法とはどのようなものですか？ どちらを採用するかによって，何か違いがあるのですか？

— Answer —

会計と税務のズレの調整機能について，繰延法は損益計算書を，資産負債法は貸借対照表を重視します。対象となる差異の範囲，回収可能性の検討，適用する法定実効税率などが異なってきます。

① 繰延法と資産負債法の目的

　税効果会計の目的は，「会計上と税務上の損益のズレを調整し，会計上の税引前当期純利益と，税金費用（法人税等）を適切に期間対応させること」です。実は，この説明は繰延法の目的に近いものです。本当は日本の会計基準では，国際会計基準や米国会計基準と同様に資産負債法を採用しています。しかし，繰延法の方が一般的に理解しやすいため，このように説明することが多いのです。資産負債法による税効果会計では，「会計上と税務上の純資産額のズレを調整し，あるべき会計上の純資産を把握すること」が主目的となります。

　仮に賞与引当金を計上したときの，繰延法と資産負債法の考え方の違いを確認してみましょう。

1　繰延法の考え方

適用前

【税効果会計適用前後の損益計算書】

売上高	1,000
売上原価	500
賞与引当金繰入額	300
費用合計	800
税引前当期純利益	200
法人税等	200
当期純利益	0

適用後

売上高	1,000
売上原価	500
賞与引当金繰入額	300
費用合計	800
税引前当期純利益	200
法人税等	200
法人税等調整額	△120
法人税等合計	80
当期純利益	120

調整！

　賞与引当金繰入額300を計上したことにより，その分会計上の利益は減少します。しかし税務上は損金にならないことから，損益計算書には税引前当期純利益とは対応しない意外に多額の法人税等が計上され，当期純利益はゼロになってしまいました。そこで，税効果会計を適用して以下の仕訳を計上します。

(借方)繰延税金資産　120	(貸方)法人税等調整額　120

P/Lへ

　これによってズレが調整され，適切な法人税等の合計額が計上されて，適切な当期純利益を把握できるようにするのが繰延法です。

2　資産負債法の考え方

【税効果会計適用前後の貸借対照表】

適用前

資本金	1,000
資本剰余金	500
利益剰余金	380
純資産合計	1,880

適用後

資本金	1,000
資本剰余金	500
利益剰余金	500
純資産合計	2,000

調整！

　賞与引当金を計上すると，会計上は貸借対照表の負債の部に「賞与引当金」が計上され，その分純資産は減少します。しかし，税務上は賞与引当金など計上できませんから，純資産は減少しません。ということは，会計上と税務上で純資産がズレることになります。ここで，税効果会計を適用して以下の仕訳を計上します。

（借方）繰 延 税 金 資 産　　120　　（貸方）法 人 税 等 調 整 額　　120

B/Sへ

　法人税等調整額が貸方に計上されると，その分当期純利益が増加します。その結果，貸借対照表の利益剰余金が増加することになります。これによってズレが調整され，適切な純資産額を把握できるようにするのが資産負債法です。

❷ 繰延法と資産負債法の違い

　上述の例では，主目的の違いについて実例を見ながら確認しましたが，結果はどちらも同じになるものでした。以下では，繰延法と資産負債法の考え方の違いから，結果に違いが生じるケースを確認します。

1　資産の評価差額

　会計上，資産の評価替えを行うときに出た差額を損益に計上せず，純資産に直接計上する会計処理があります。例えば，その他有価証券を時価評価する際に，以下のような会計処理を行います。

〈含み損の場合〉

| (借方) 評 価 差 額 金 | 500 | (貸方) 投 資 有 価 証 券 | 500 |

〈含み益の場合〉

| (借方) 投 資 有 価 証 券 | 500 | (貸方) 評 価 差 額 金 | 500 |

　税務上はこのような評価替えは認められないので，なかったことになります。とすれば，「会計と税務のズレ」に当たるので税効果会計の対象になるのでは，と考えられます。ただしこのケースでは，損益を計上していないので損益計算書には影響がありません。当然税務上も課税所得には影響させないので，税額にも影響がありません。したがって，繰延法によると税効果会計の対象にはならないことになります。

　しかし，日本の会計基準においては資産負債法が採用されています。そしてこのケースでは，損益には影響ないものの貸借対照表の純資産には影響を与えており，会計上と税務上の純資産がズレてしまっています。そこで，資産負債法によると税効果会計の対象となることになります。この結果，上記の仕訳は税効果会計を適用して最終的に以下のとおりになります。

〈含み損の場合〉

| (借方) 評 価 差 額 金　　　 300
　　　繰 延 税 金 資 産　　　 200 | (貸方) 投 資 有 価 証 券　　　 500 |

〈含み益の場合〉

| (借方) 投 資 有 価 証 券　　　 500 | (貸方) 評 価 差 額 金　　　 300
　　　繰 延 税 金 負 債　　　 200 |

2　適用する法定実効税率

　繰延法では，当期の損益を適切に把握することを目的としています。したがって，法定実効税率の算定には，将来の税率などではなく，当期の税金計算に適用された税率を用いることが求められます。

　これに対して資産負債法では，純資産額を適切に把握することを目的としています。そこで，当期の損益よりも貸借対照表に計上される繰延税金資産・負債の資産性・負債性の方が重要になります。したがって，将来的にこれらが解消するときの税率を用いることが求められます。日本では資産負債法を採用していますので，実際にはこちらを用いることになります。

3　回収可能性の検討

　繰延法においては，当期の損益を適切に把握することを目的としているので，税引前当期純利益と法人税等合計（法人税等と法人税等調整額の合計）を適切に対応させるためには，発生した一時差異のすべてについて法人税等調整額を計上することになります。また，その相手勘定としての繰延税金資産は，あくまで損益の繰延勘定の意味合いが強いので，将来的な資産性は特に問題になりません。

　しかし資産負債法においては，適切な純資産額の把握を目的としているので，会計と税務のズレを調整することだけでなく，繰延税金資産の資産性（いわゆる回収可能性，つまり，本当に将来的に税金を軽減できるのかどうか）も重視されることになります。日本では資産負債法を採用していますので，回収可能性があると認められる繰延税金資産だけを計上することになります。

Q13

未払事業税とはどのようなものですか？ また，未払事業税は将来減算一時差異になるのに，未払法人税や未払住民税が一時差異にならないのはなぜですか？

Answer

　期末に確定申告の結果に基づいて未払法人税等を計上する場合の，そのうちの事業税の額のことです。法人税や住民税と異なり，事業税は税務上の損金となるため一時差異になります。

　会社は通常，期末に法人税や地方税の申告書を作成し，年度の税額から中間納税額を差し引いた期末の納税額を算定します。実際にこの申告書を提出し納税も行うのは，期末日後のことになるのですが，会計上はこれらの税金は当期に発生したものであると考えます。したがって，通常は次のような仕訳を計上します。

(借方) 法人税等（法人税）	500	(貸方) 未 払 法 人 税 等	800
法人税等（事業税）	200		
法人税等（住民税）	100		

　これにより，会計上は法人税等800が損益計算書に費用として計上されますが，これらは税務上は当期の損金としては認められません。そこで，法人税申告書においてはこの全額を加算することになります。

(当期)
【損益計算書(税引前当期純利益から)】

税引前当期純利益	2,000
法人税等＊	800
当期純利益	1,200

＊中間納税等はなかったと仮定しています。

【法人税等の計算】

当期純利益	1,200
未払法人税等＊	＋800
課税所得	2,000
法人税等(40％)	800

加算

＊実際の申告書には「損金に算入した納税充当金」などと記載されます。費用に計上した未払法人税等のことを意味します。

上記のように，未払法人税等として計上された法人税等は全額加算されますが，その意味合いには違いがあります。

法人税と住民税	そもそも税務上の損金にはならないため加算
事業税	「申告書を提出したとき」に税務上の損金となるため，当期の損金ではなく「翌期の損金である」という理由で加算(中間申告分を除く)

法人税と住民税は，翌期以降も未来永劫損金にはならないのでここで切り捨てられます。しかし，事業税は翌期に申告書を提出した時点で税務上の損金として認められます。

(翌期)
【法人税等の計算】

当期純利益	1,000
当期に納税した未払事業税＊	△200
課税所得	800
法人税等(40％)	320

＊実際の申告書には「納税充当金から支出した事業税等」などと記載されます。期首に未払法人税等として計上されていた中の，当期に申告納税した事業税等を意味します。

このように，未払法人税等のうち事業税は翌期に税務上の損金として減算されますが，法人税と住民税は加算も減算もありません。したがって，未払事業税は将来減算一時差異になりますが，法人税と住民税は一時差異にならないのです。

　ただし，損益計算書の法人税等に含まれる事業税の中に，中間申告によるものがある場合，これは当期に申告書を提出しており当期の損金となるため，一時差異にはなりません。

Q14 交際費はなぜ永久差異になるのですか？

Answer

税務上の交際費は，法人税申告書で加算したらそこで切り捨てられてしまい二度と損金に算入されないので，「永久差異」になります。

会社は事業を行う上で，取引先を接待したり手土産を渡したりと，様々な「交際費」を支出します。これらは会計上，事業に関連する費用として販売費及び一般管理費の中に計上されます。しかし，税務上は無駄遣い防止や課税政策上の理由から，税務上の交際費に該当する全額を損金として認めないこととしています（中小企業においては一定額までは損金として認められます）。

【損益計算書(法人税等は未計上)】

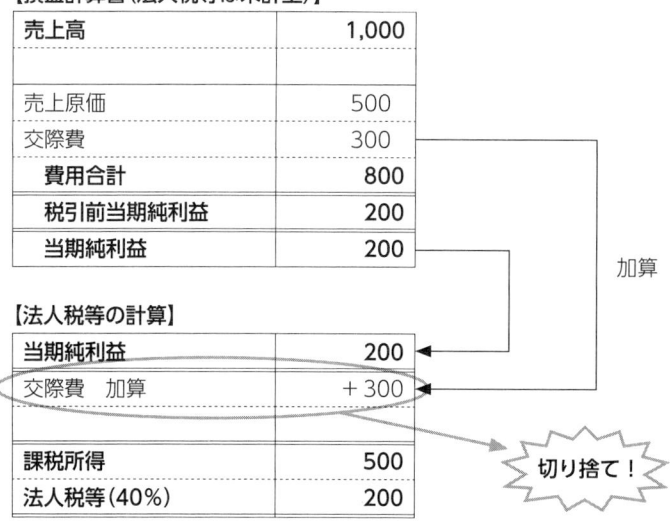

売上高	1,000
売上原価	500
交際費	300
費用合計	800
税引前当期純利益	200
当期純利益	200

【法人税等の計算】

当期純利益	200
交際費　加算	＋300
課税所得	500
法人税等(40％)	200

加算

切り捨て！

上表のように，交際費は法人税申告書の別表四において加算されます。これが賞与引当金などであれば，将来的に損金として認められるまで別表五（一）

で留保されるのですが，交際費は違います。税務上の交際費は完全な「切り捨て」です。別表四で加算されたらそれで終わりで，別表五（一）に記載されて留保状態になることはありません。したがって，翌期以降も損金になることはなく，ズレが解消することはありません。このように，永久に解消しないズレとなることから交際費は「永久差異」に該当します。

第2章 一時差異と永久差異

Q15 税務上の繰越欠損金とはどのようなものですか？

Answer

　税務上の赤字（欠損金）は，最長9年間に渡って繰り越して将来の課税所得と相殺することができます。これを繰越欠損金といいます。

　法人税申告書で税務上の課税所得を算定した結果，マイナスの所得（欠損金）になることがあります。この場合，翌期は改めて翌期の当期純利益をベースに課税所得を算定するので，当期のマイナスが翌期以降の課税所得の計算に影響することは本来ありません。しかし税務上は，発生した欠損金を最長9年間繰り越すことができ，その間に発生した課税所得と相殺することが認められています。これを繰越欠損金と呼んでいます。

(当期)
【法人税申告書(別表四)】

当期純利益	××
(加算項目)	
…	○○
(減算項目)	
…	△△
課税所得	△500

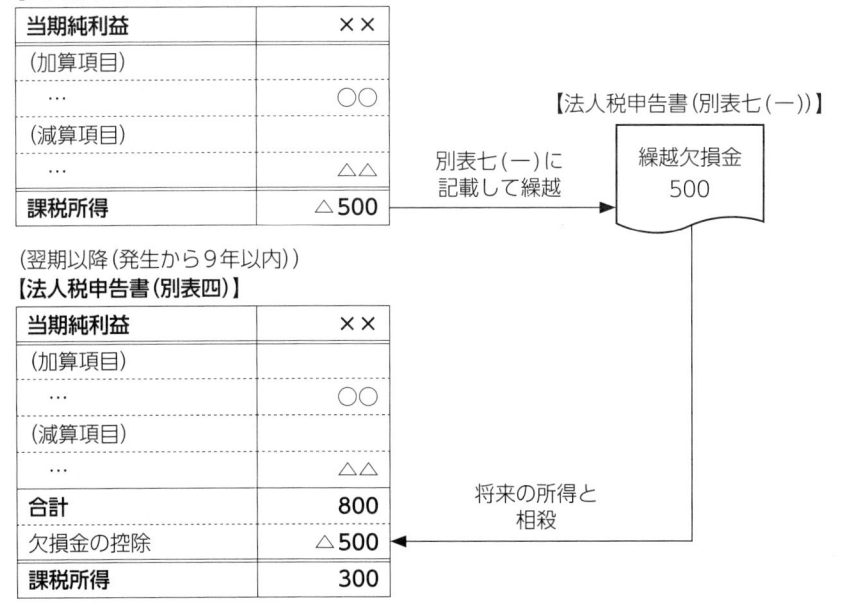

→ 別表七(一)に記載して繰越 →

【法人税申告書(別表七(一))】

繰越欠損金
500

(翌期以降(発生から9年以内))
【法人税申告書(別表四)】

当期純利益	××
(加算項目)	
…	○○
(減算項目)	
…	△△
合計	800
欠損金の控除	△500
課税所得	300

← 将来の所得と相殺

平成23年度税制改正前の繰越期間は7年間でしたが，改正により9年間に延長されました。しかし，改正前は繰越欠損金を控除することで課税所得をゼロにすることも可能でしたが，改正後は控除前の所得の80％までしか控除できなくなりました。したがって，どんなに多額の繰越欠損金があったとしても，控除前の所得の20％は残って課税されることになります。ただし資本金1億円以下の中小企業（資本金5億円以上の大会社の完全子会社は除く）では，改正前と同様に100％控除することが可能です。

第2章 一時差異と永久差異

Q16
税務上の繰越欠損金が税効果会計の対象になるというのは、どういうことですか？

Answer
将来の課税所得と相殺して税額を減少させる効果があるので、将来減算一時差異と同様に繰延税金資産の対象となります。

税務上の赤字（欠損金）は、最長9年間に渡って繰り越して、将来の課税所得と相殺することができます。しかし発生年度においては、発生した欠損金の額を備忘的に申告書別表七（一）に記録しておくだけで、所得の加算や減算が発生するわけではないので、会計と税務がズレるわけではありません。したがって、一時差異は「一時的に会計と税務がズレるが、将来的に解消するもの」を指しますので、繰越欠損金は一時差異には該当しないことになります。

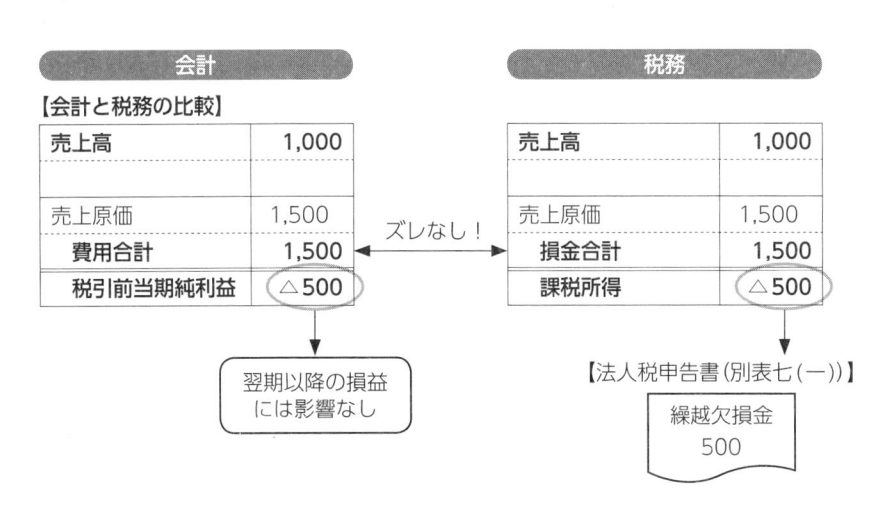

【会計と税務の比較】

会計

売上高	1,000
売上原価	1,500
費用合計	1,500
税引前当期純利益	△500

→ 翌期以降の損益には影響なし

ズレなし！

税務

売上高	1,000
売上原価	1,500
損金合計	1,500
課税所得	△500

→【法人税申告書（別表七（一））】
繰越欠損金 500

しかし、繰越可能な期間内に課税所得が発生した場合には、これと相殺して課税所得を減少させ税額を減らす効果があります。したがって、将来減算一時差異と同様の効果を持つと言えますので、繰越欠損金についても繰延税金資産

を計上することになっています。

　ただし，繰越期間内に課税所得と相殺しきれなかった繰越欠損金は，切り捨てられてしまいます。そこで，「本当に将来の税金を減らすことが可能か？」という回収可能性の検討をしっかりと行う必要があります。

第3章　法定実効税率と税率差異

Q17uestion

法定実効税率とはどのようなものですか？　単純に税率を足し合わせただけではいけないのですか？

─ Answer ─

　実質的に会社が負担することになる法人税，事業税及び住民税の率を，一定の算定式に基づいて求めたものです。事業税は翌期に税務上の損金になり，税額を減らす効果があるので，単純にこれらの税率を足し合わせただけではいけません。

❶「法定実効税率」という言葉の違和感

　法人税率，住民税率あるいは事業税率という言葉は，特に違和感のない言葉だと思います。しかし，税効果会計においては「法定実効税率」という，普段耳にすることのない税率を用いて処理を行います。
　ここで，税率は税法によって定められるものですから，「法定」という言葉には疑問はないと思います。しかし，「実効」とはどういう意味なのでしょうか。税効果会計の対象となる税金は法人税，事業税（所得割），住民税（法人税割）ですから，単純にこれらの税率を足し合わせたら，税効果会計に使う税率は算定できそうにも思えます。
　そこで，仮に会社の税率を以下のとおりとします。

法人税	30%
事業税(所得割)	10%
住民税(法人税割)	20%*

＊道府県民税と市町村民税を合計した税率

　これを単純に足し合わせると，以下のとおりです。

　法人税30％　＋　事業税(所得割)10％　＋　住民税(法人税割)20％＝　60％

　一般に法定実効税率は約40％と認識されていると思われますので，60％というのは随分かけ離れた数字です。これは，住民税の「法人税割」の税率をそのまま足してしまっているためです。法人税割とは，課税所得に法人税率を乗じて算定した法人税額に，さらに住民税率を乗じることで求められるものです。したがって，課税所得に直接乗じる法人税率や事業税率と，法人税額に乗じる住民税率を，同レベルで扱って足し合わせたとしても，全く意味がない数字になるのです。

❷ 実質的な税負担額のイメージ

　実際に，以下の事例で会社の税負担額のイメージを確認してみましょう。
〈前提〉
　▶会計と税務のズレはない
　▶各税率は上述のとおりとする
　▶当期以前に法人税等は発生していなかったものとする

(当期)
【損益計算書（法人税等は未計上）】

売上高	1,500
売上原価	500
費用合計	500
税引前当期純利益	1,000
当期純利益 （課税所得）	1,000

- 法人税率30% → 法人税額 300 → 住民税率20% → 住民税額 60
- 事業税率10% → 事業税額 100

　このとおり，課税所得1,000に対して発生する法人税等は，合計460ということになります。ということは，実際の合計税率は46％になるので，法定実効税率としては46％が正しいのではないか？　と思われます。

　しかし，ここで無視することができないのが「事業税は翌期の申告時に税務上の損金になる」ということです。つまり，当期に発生した事業税は翌期に損金となり，翌期の法人税等を減少させる効果があります。したがって，これも考慮した上で実質的な会社の税負担率を算定する必要があるのです。実際に翌期の状況を確認してみましょう。売上高や費用などは当期と全く同額と仮定します。

(翌期)
【損益計算書(法人税等は未計上)と課税所得】

売上高	1,500
売上原価	500
費用合計	500
税引前当期純利益	1,000
当期純利益	1,000
事業税を損金算入	100
課税所得	900

課税所得 900 → 法人税率30% → 法人税額 270 → 住民税率20% → 住民税額 54
課税所得 900 → 事業税率10% → 事業税額 90

　この結果，法人税等は合計414となりました。このとおり，翌期において事業税が損金算入されることで，他の条件はすべて当期と同じであっても，法人税等の合計額は減少することになります。ということは，この事実を何らかの形で反映させることにより，実質的な会社の負担税率は46％より低く算定される必要があることになります。

❸ 法定実効税率の算定式

　では，実際に法定実効税率の算定式はどのようなものになるのかを解説します。まず，事業税が損金算入されて法人税等を減少させる効果を無視すると，法人税等の合計額は次頁の算定式で求められます。

第3章　法定実効税率と税率差異

```
法人税等
 = 課税所得×法人税率 + 課税所得×法人税率×住民税率 + 課税所得×事業税率
      ─法人税額─          ─住民税額─                  ─事業税額─

 = 課税所得×(法人税率＋法人税率×住民税率＋事業税率)
 = 課税所得×(法人税率×(1＋住民税率)＋事業税率)
              ─事業税の損金算入を無視した合計税率─
```

　上記のように，事業税の損金算入効果を無視した合計税率の算定式は以下のとおりです。

　法人税率×(1＋住民税率)＋事業税率

　そして，この算定式に事業税の損金算入効果を反映させて税率を下げるために，この合計税率を「1＋事業税率」で除することで調整します。この結果，法定実効税率の算定式は以下のとおりです。

$$法定実効税率 = \frac{法人税率 \times (1+住民税率) + 事業税率}{1+事業税率}$$

　先ほどの事例をこの算定式に当てはめると，

$$法定実効税率 = \frac{0.3 \times (1+0.2) + 0.1}{1+0.1} = 41.8\%$$

法定実効税率は41.8％と算定されることになります。

❹ 地方法人特別税

　平成20年度税制改正により，地方法人特別税が導入されました。従来の事業税を，事業税（地方税）と地方法人特別税（国税）に分割する形で，暫定的

に導入されたものです。地方法人特別税の税額は，事業税（所得割）の額に税率を乗じることで算定されます。したがって，法人税等の合計額は，

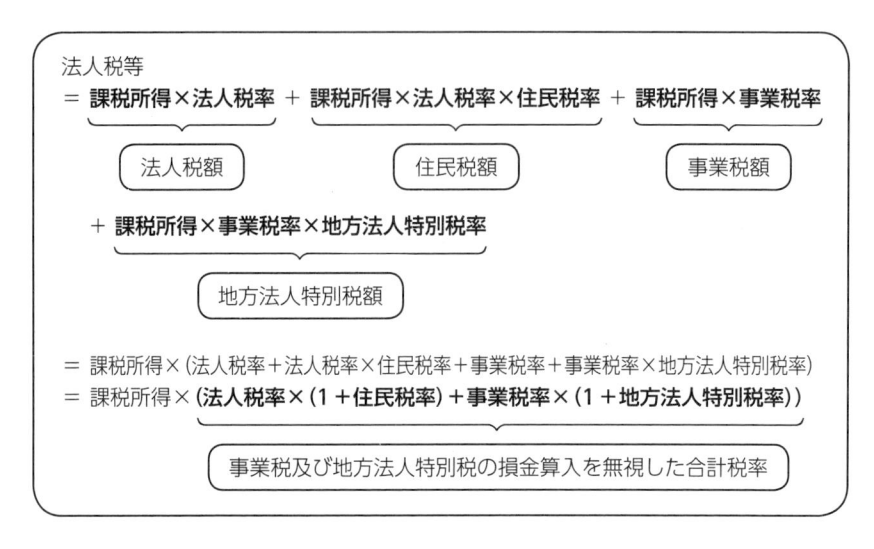

$$
\begin{aligned}
\text{法人税等} &= \underbrace{課税所得 \times 法人税率}_{\text{法人税額}} + \underbrace{課税所得 \times 法人税率 \times 住民税率}_{\text{住民税額}} + \underbrace{課税所得 \times 事業税率}_{\text{事業税額}} \\
&\quad + \underbrace{課税所得 \times 事業税率 \times 地方法人特別税率}_{\text{地方法人特別税額}} \\
&= 課税所得 \times (法人税率 + 法人税率 \times 住民税率 + 事業税率 + 事業税率 \times 地方法人特別税率) \\
&= 課税所得 \times \underbrace{(\text{法人税率} \times (1+\text{住民税率}) + \text{事業税率} \times (1+\text{地方法人特別税率}))}_{\text{事業税及び地方法人特別税の損金算入を無視した合計税率}}
\end{aligned}
$$

上記のように，事業税及び地方法人特別税の損金算入効果を無視した合計税率の算定式は以下のとおりです。

「法人税率×(1＋住民税率)＋事業税率×(1＋地方法人特別税率)」

そして，地方法人特別税は翌期の申告時に税務上の損金となります。したがって，この算定式に事業税及び地方法人特別税額の損金算入効果を反映させて税率を下げるために，この合計税率を「1＋事業税率×（1＋地方法人特別税率)」で除することで調整します。この結果，地方法人特別税も考慮した法定実効税率の算定式は以下のとおりです。

$$
\text{法定実効税率} = \frac{\text{法人税率} \times (1+\text{住民税率}) + \text{事業税率} \times (1+\text{地方法人特別税率})}{1 + \text{事業税率} \times (1+\text{地方法人特別税率})}
$$

5 復興特別法人税

　平成23年12月2日に公布された「東日本大震災からの復興のための施策を実施するために必要な財源の確保に関する特別措置法」により，東日本大震災の復興財源を確保するため，復興特別法人税が導入されました。平成24年4月1日から平成27年3月31日までの間に開始する事業年度について適用されます。

　復興特別法人税は（基準）法人税額に復興特別法人税率（10％）を乗じることで算定されます。そして法人税と同様，税務上の損金にはなりません。したがって，復興特別法人税も考慮した法定実効税率の算定式は以下のとおりです。

$$\text{法定実効税率} = \frac{\text{法人税率} \times (1 + \text{住民税率} + \text{復興特別法人税率}) + \text{事業税率} \times (1 + \text{地方法人特別税率})}{1 + \text{事業税率} \times (1 + \text{地方法人特別税率})}$$

Q18

税法の改正で税率が変わった場合は,どのような対応が必要なのですか?

Answer

改正税法が期末日までに公布されていれば,法定実効税率の算定に用いる税率を変更する必要があります。

法定実効税率の算定には,決算日現在の税法に基づく税率を適用します。仮に期中で税法の改正があり税率が変更された場合は,改正後の税率を用いて期首の繰延税金資産・負債の金額を修正し,その修正差額は当期の法人税等調整額に計上します。期末は当然,改正後の税率を用いて繰延税金資産・負債を算定します。

❶ 一時差異に変動がない場合

仮に期首と期末で一時差異に変動がなく,期中に税法の改正があったため法定実効税率が42%から40%に変更されたとすると,その際の考え方は以下のとおりです。

〈期首〉

(将来減算)	
××	1,000
(将来加算)	
○○	500

×42% → 繰延税金資産 420
×42% → 繰延税金負債 210

〈税率改正による期首の修正〉

(将来減算)	
××	1,000
(将来加算)	
○○	500

×40% → 繰延税金資産 400
×40% → 繰延税金負債 200

繰延税金資産 △20
繰延税金負債 △10

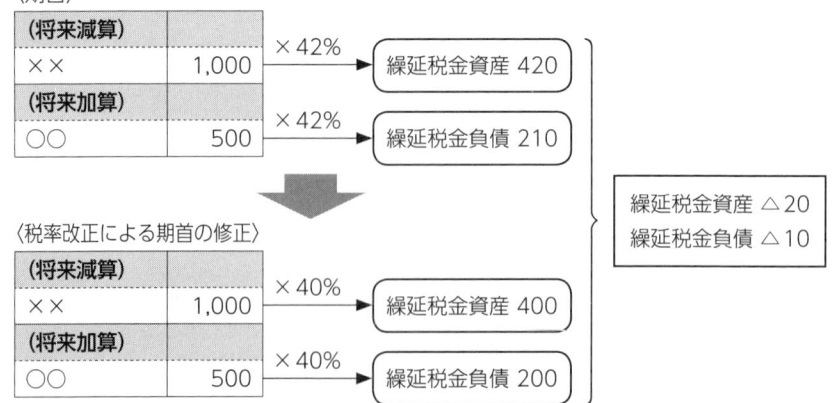

よって，繰延税金資産は20減少，繰延税金負債は10減少することになり，この差額は法人税等調整額に計上されます。また，期末の一時差異は期首と変更ないので，結局仕訳は以下のとおりです。

| （借方）繰 延 税 金 負 債 | 10 | （貸方）繰 延 税 金 資 産 | 20 |
| 法 人 税 等 調 整 額 | 10 | | |

このとき，損益計算書は以下のようになります。結局，一時差異は何ら変わっていないのに，税率の変更があっただけで法人税等合計に影響を与えてしまうことがわかります。

売上高	1,000
売上原価	500
費用合計	500
税引前当期純利益	500
法人税等	200
法人税等調整額	10
法人税等合計	210
当期純利益	290

❷ 一時差異に変動がある場合

仮に期首と期末で一時差異に変動があり，期中に税法の改正があったため法定実効税率が42％から40％に変更されたとすると，その際の考え方は次頁のとおりです。

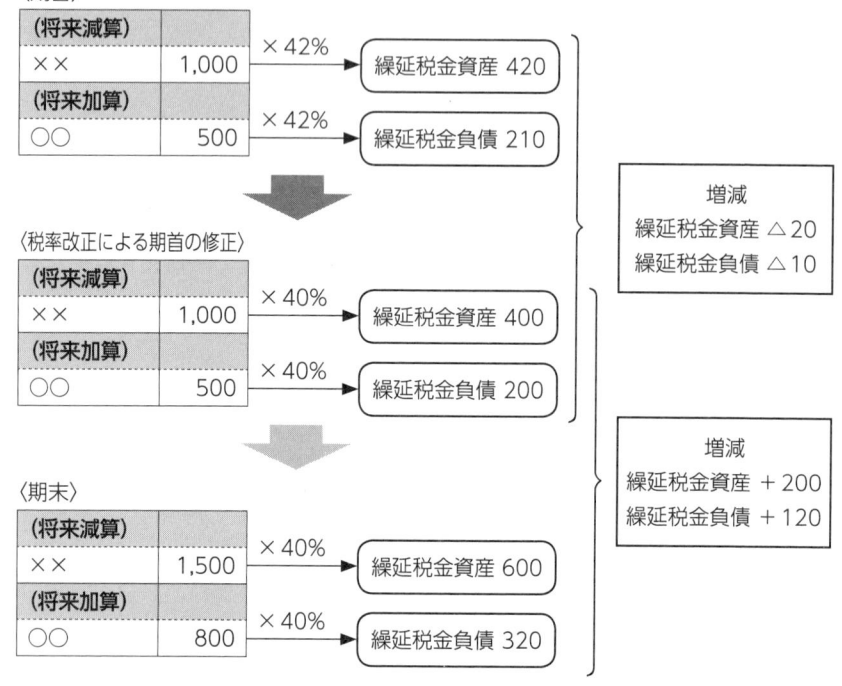

〈期首〉

(将来減算)	
××	1,000
(将来加算)	
〇〇	500

×42% → 繰延税金資産 420
×42% → 繰延税金負債 210

〈税率改正による期首の修正〉

(将来減算)	
××	1,000
(将来加算)	
〇〇	500

×40% → 繰延税金資産 400
×40% → 繰延税金負債 200

〈期末〉

(将来減算)	
××	1,500
(将来加算)	
〇〇	800

×40% → 繰延税金資産 600
×40% → 繰延税金負債 320

増減
繰延税金資産 △20
繰延税金負債 △10

増減
繰延税金資産 ＋200
繰延税金負債 ＋120

　税率の変更により繰延税金資産は20減少，繰延税金負債は10減少することになりました。また，一時差異の変動によって繰延税金資産は200増加，繰延税金負債は120増加することになりました。よって，トータルの仕訳は以下のとおりです。

(借方) 繰 延 税 金 資 産　180	(貸方) 繰 延 税 金 負 債　110
	法 人 税 等 調 整 額　70

❸ 期末日後に税率変更が予定されている場合

　期中に税法が改正されて税率変更が決まったものの，実際に改正税率が適用開始されるのは期末日後である，ということがありえます。ということは，当期は旧税率で法人税等を申告することになるので，税効果会計に用いる法定実

効税率も旧税率で算定すべきとも思えます。

　しかし，日本の会計基準は資産負債法の考え方を採用していますので，将来的に繰延税金資産・負債の回収・支払が発生するときの税額が重視されます。したがって，期末日時点で改正税法が公布されており，将来において税率変更が確定している場合は，改正後の新税率で法定実効税率を算定することになっています。

4 平成23年度改正の影響

　平成23年度改正により，法人税率の引き下げと復興特別法人税の導入が決定されました。この改正税法は平成23年12月2日に公布されていますので，それ以後に訪れる決算においては改正後の税率で法定実効税率を算定する必要があります。ここで復興特別法人税が3年間の期間限定であることから，以下の点に注意が必要です。

　◎　当該期間内に解消する一時差異
　→復興特別法人税率を含む法定実効税率を乗じて繰延税金資産・負債を算定
　◎　それ以外の期間に解消する一時差異
　→復興特別法人税率を含まない法定実効税率を乗じて繰延税金資産・負債を
　　算定

Q19

中小企業の軽減税率が適用される場合，法定実効税率はどのように計算したらよいのですか？

Answer

明確な基準はありませんので，各会社の状況や重要性などに応じて判断することになります。

資本金1億円以下の中小法人については，800万円までの課税所得に対して軽減税率が設定されています。したがって，中小法人では課税所得の金額によって2つの法人税率が適用されることになります。これについては，平成23年度税制改正で税率の改正が行われ，以下のとおり税率が改正されています。

◆平成23年度の税率改正

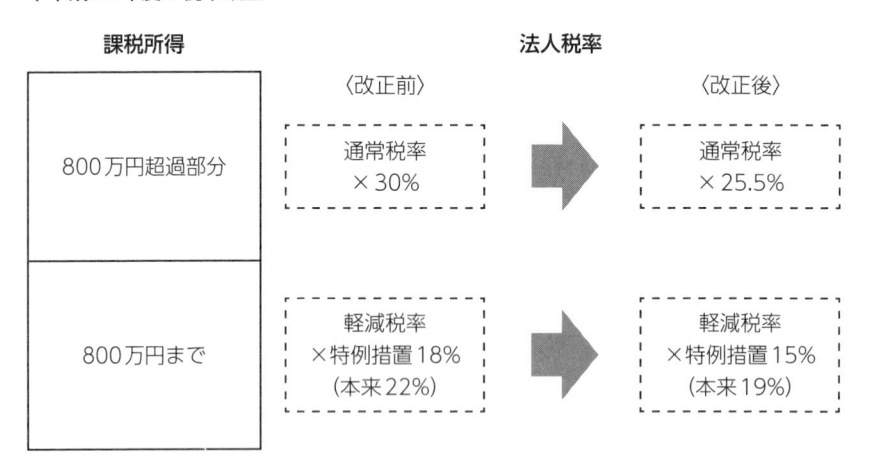

課税所得	法人税率〈改正前〉	法人税率〈改正後〉
800万円超過部分	通常税率 ×30%	通常税率 ×25.5%
800万円まで	軽減税率 ×特例措置18% （本来22%）	軽減税率 ×特例措置15% （本来19%）

このとおり，中小法人では法人税率が2階建てになるので，法定実効税率を算定するときにどちらを使用すべきか悩むところです。実際のところ，会計基準に明確な規定はありませんが，将来的に繰延税金資産・負債を回収・支払することになるときの税率を適用するのが原則です。したがって，回収・支払す

る予定の事業年度の課税所得が800万円を上回りそうであれば通常税率を適用し，下回りそうであれば軽減税率を適用する，という考え方もあります。あるいは，その平均を適用するという考え方もあるでしょう。しかし明確な基準がない以上，結局は会社の状況や重要性，連結決算における重要性などに応じて方針を決定することになると考えられます。

Q20
複数の地域に事業所を有している場合，法定実効税率はどのように算定したらよいのでしょうか？

― Answer ―
代表的な事業所における税率を適用して算定します。

法定実効税率を算定するためには，法人税率だけでなく事業税率や住民税率といった，地方税の税率も必要です。法人税率は全国一律ですが，実は地方税率は都道府県や市町村によって違いがあります。基本となる標準税率は一律に設定されているのですが，各自治体の裁量により，制限税率を上限として標準税率を超える税率を設定することができるためです。

◆住民税（法人税割）の場合

	標準税率	制限税率
道府県民税	5%	6%
市町村民税	12.3%	14.7%

事業所が本社一か所しかないような会社であれば，その存在する地域の税率を適用することになります。しかし，東京に本社があって，それ以外にも各地に事業所があるような会社などは，どの地域の税率を適用すればよいのか？という疑問が生じます。

このような場合は，基本的には「代表的な事業所」のある地域の税率を適用します。代表的な事業所とは，具体的には本社や主要な所得を稼いでいる事業所などを指します。一般的には，本社所在地で主要な所得を稼いでいることが多いでしょうから，本社所在地の税率を適用することになるでしょう。しかし，形式上は昔ながらの場所に本社を置いているが，実質的には主力事業所が別にあるような場合は，後者の地域の税率を適用する方が望ましいと考えられます。

第3章 法定実効税率と税率差異

Q21

税率差異とは何ですか？ また，どのようなときに税率差異が生じるのですか？

― Answer ―

法人税等の負担率と法定実効税率のズレを「税率差異」と呼びます。
交際費などの永久差異，法定実効税率の算定に使った税率と実際の税率のズレ，評価性引当額など様々な要因で発生します。

❶ 税効果会計の理想形

　法人税等と法人税等調整額の合計額（法人税等合計額）を，税引前当期純利益で除した割合を「法人税等の負担率」と呼びます。税効果会計の目的は，賞与引当金や減損損失のような会計と税務のズレを調整し，税引前当期純利益と法人税等を適切に期間対応させることです。とすると，税効果会計適用後の損益計算書においては，以下のとおり法人税等の負担率が法定実効税率と一致するはずです。法定実効税率は40％と仮定しています。

【損益計算書（税効果適用前）】

売上高	1,000
売上原価	500
賞与引当金繰入額	300
費用合計	800
税引前当期純利益	200
法人税等	200
当期純利益	0

税引前当期純利益 200 → 負担率 100%
法人税等 200

― 69 ―

【損益計算書(税効果適用後) 税引前当期純利益から】

税引前当期純利益	200
法人税等	200
法人税等調整額	△120
法人税等合計	80
当期純利益	120

負担率 40％ ←一致！→ 法定実効税率 40％

　税効果会計を適用する前は、賞与引当金を計上したことにより税引前当期純利益の100％に相当する法人税等が計上されてしまっています。しかし、税効果会計を適用することにより法人税等の負担率が40％となり、法定実効税率と一致する結果になりました。これが税効果会計の理想形です。

❷ 税率差異が発生する典型例

1 交際費などの永久差異

　先ほどの理想形に交際費も加えたケースを考えてみます。

【損益計算書(法人税等は未計上)】

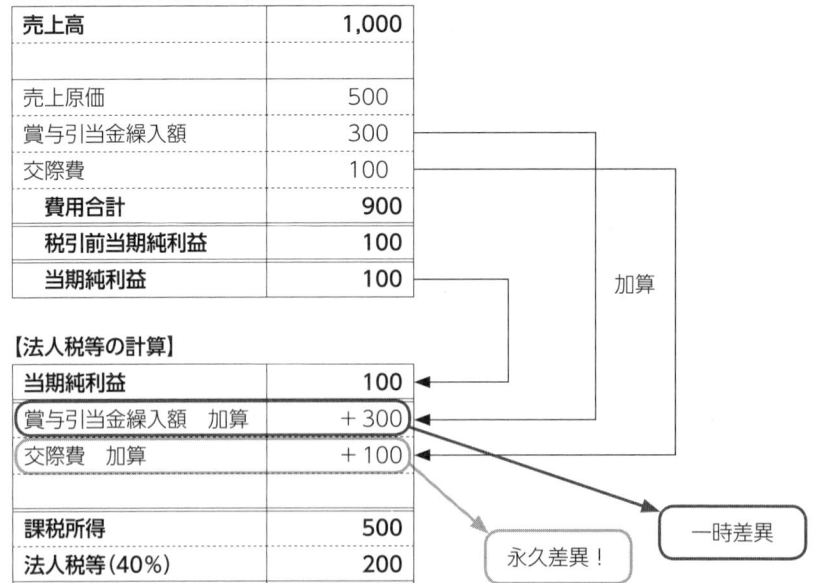

売上高	1,000
売上原価	500
賞与引当金繰入額	300
交際費	100
費用合計	900
税引前当期純利益	100
当期純利益	100

【法人税等の計算】

当期純利益	100
賞与引当金繰入額　加算	＋300
交際費　加算	＋100
課税所得	500
法人税等(40％)	200

交際費加算 → 永久差異！
賞与引当金繰入額加算 → 一時差異

第3章　法定実効税率と税率差異

　交際費は加算されるとそのまま切り捨てられるので，永久差異になります。したがって税効果会計の対象となるのは賞与引当金の一時差異だけなので，税金関係の仕訳は以下のとおりです。

〈法人税等の計上〉

| （借方）法　人　税　等 | 200 | （貸方）未 払 法 人 税 等 | 200 |

〈税効果仕訳の計上〉

| （借方）繰 延 税 金 資 産 | 120 | （貸方）法 人 税 等 調 整 額 | 120 |

　この結果，税効果会計適用前後の損益計算書は以下のとおりです。

【損益計算書（税効果適用前）】

売上高	1,000
売上原価	500
賞与引当金繰入額	300
交際費	100
費用合計	900
税引前当期純利益	(100)
法人税等	(200)
当期純利益	△100

負担率 200%

【損益計算書（税効果適用後）】

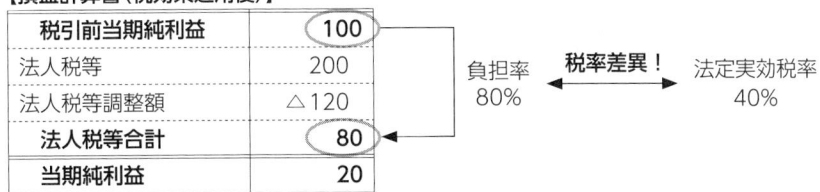

税引前当期純利益	(100)
法人税等	200
法人税等調整額	△120
法人税等合計	(80)
当期純利益	20

負担率 80%　←税率差異！→　法定実効税率 40%

　税効果会計を適用したにもかかわらず，法人税等の負担率は80％になってしまいました。これは，交際費100について税効果会計による調整を行っていないからです。仮に交際費100についても法人税等調整額40を計上すれば，法

人税等合計額は40となります。その結果,法人税等の負担率は40％になり法定実効税率と一致します。しかし,交際費は永久差異であり税効果会計の対象にはなりません。このため税率差異が生じるのです。

2 評価性引当額

繰延税金資産は回収可能性があると判断されたものしか計上できません。繰延税金資産は将来減算一時差異に法定実効税率を乗じることで算定します。しかし,その全額が実際に貸借対照表に計上されるとは限りません。その中に回収不能と判断される金額がある場合は,「評価性引当額」という名目で繰延税金資産を減額することになるのです。

では,先ほどの理想形を基礎として,繰延税金資産の半分が回収不能と判断されたケースを見てみましょう。

【損益計算書(税効果適用前)】

売上高	1,000
売上原価	500
賞与引当金繰入額	300
費用合計	800
税引前当期純利益	200
法人税等	200
当期純利益	0

負担率100％（税引前当期純利益200と法人税等200）

【損益計算書(税効果適用後)】

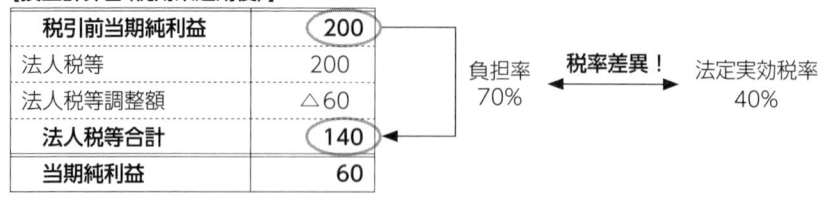

税引前当期純利益	200
法人税等	200
法人税等調整額	△60
法人税等合計	140
当期純利益	60

負担率70％　税率差異！　法定実効税率40％

税効果会計を適用したにもかかわらず,法人税等の負担率は70％になってしまいました。これは,将来減算一時差異（賞与引当金）300の半分（150×

40％＝60）しか税効果会計による調整を行っていないからです。仮に全額の300に対する法人税等調整額120を計上すれば，法人税等合計額は80となります。その結果，法人税等の負担率は40％になり法定実効税率と一致します。しかし，半分が回収不能と判断されてしまった以上，本来の繰延税金資産120のうち60は「評価性引当額」として減額され計上できません。したがって法人税等調整額も60しか計上できなくなり，このため税率差異が生じるのです。

Q22

なぜ住民税均等割が税率差異の原因になるのですか？

Answer

住民税の「均等割」は，課税所得とは関係なく一定額が課税されるものですので，税率差異の原因になります。

会計と税務には多くのズレがあり，このため会計上の利益と税務上の課税所得にはズレが生じます。法人税等は税務上の課税所得に税率を乗じることで算定されますので，その結果，会計上の利益と法人税等の金額は適切に対応しないことになります。そこでこのズレを調整し，会計上の利益と法人税等を適切に対応させるために登場するのが税効果会計です。ということは，そもそも会計上の利益を基礎として課税される法人税と事業税（所得割），さらにその法人税額を基礎として課税される住民税（法人税割）のみが税効果会計の対象になります。そこで法定実効税率はこれらの税率を用いて算定します。

しかし住民税には，法人税額を基礎とする「法人税割」以外にも，「均等割」という税金が存在します。これは，法人税割とは全く別で，会社の従業者数や資本金等の額に応じて一定額が課税される住民税です。ということは，そもそも課税所得を基礎として課税される税金ではないということです。しかし，この均等割額は損益計算書上，法人税等に計上されます。したがって，そもそも均等割が発生する時点で，法人税等の金額は法定実効税率による税額とはズレることになります。

では，実際の例を確認してみましょう。法定実効税率は40％と仮定しています。住民税の均等割は20だったとしましょう。

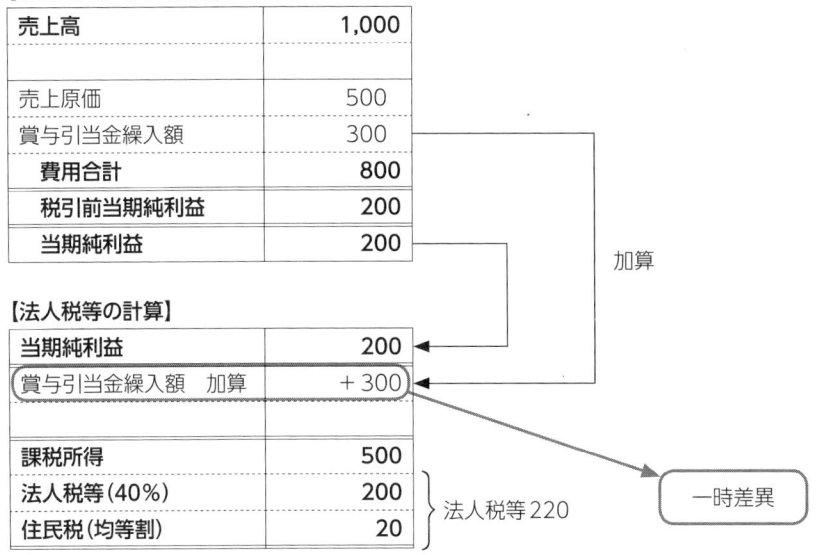

第3章 法定実効税率と税率差異

【損益計算書(法人税等は未計上)】

売上高	1,000
売上原価	500
賞与引当金繰入額	300
費用合計	800
税引前当期純利益	200
当期純利益	200

【法人税等の計算】

当期純利益	200
賞与引当金繰入額　加算	+300
課税所得	500
法人税等(40％)	200
住民税(均等割)	20

法人税等220

加算　→　一時差異

　賞与引当金は将来減算一時差異になり，繰延税金資産を計上することになります。したがって，税金関係の仕訳は以下のとおりです。

〈法人税等の計上〉

(借方)法　人　税　等	220	(貸方)未 払 法 人 税 等	220

〈税効果仕訳の計上〉

(借方)繰 延 税 金 資 産	120	(貸方)法 人 税 等 調 整 額	120

　この結果，税効果会計適用前後の損益計算書は次頁のとおりです。

【損益計算書（税効果適用前）】

売上高	1,000
売上原価	500
賞与引当金繰入額	300
費用合計	**800**
税引前当期純利益	200
法人税等	220
当期純利益	△20

負担率 110%

【損益計算書（税効果適用後）】

税引前当期純利益	200
法人税等	220
法人税等調整額	△120
法人税等合計	**100**
当期純利益	100

負担率 50% ← 税率差異！ → 法定実効税率 40%

　上表のとおり、税効果会計適用後の負担率は50％であり、法定実効税率の40％とは税率差異が生じてしまっています。ただし、もし他の条件はすべて同じで住民税（均等割）20だけがなかったとしたらどうでしょうか。この場合の損益計算書は以下のとおりです。

【損益計算書（税効果適用後）】

税引前当期純利益	200
法人税等	200
法人税等調整額	△120
法人税等合計	**80**
当期純利益	120

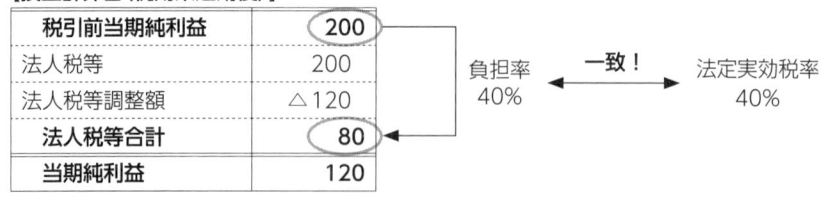

負担率 40% ← 一致！ → 法定実効税率 40%

　このように、税率差異は発生しなくなります。ということは、均等割が原因で税率差異が発生しているということがよくわかります。

第3章 法定実効税率と税率差異

Q23 税率が改正された場合も税率差異が発生するのですか？

Answer

過年度に計上していた繰延税金資産・負債の金額を修正するため，税率差異が発生します。

税法の改正があり税率が変更された場合は，改正後の税率を用いて法定実効税率を算定し，これに基づいて期首の繰延税金資産・負債の金額を修正します。

期首と期末で一時差異に変動がなく，期中に税法の改正があったため法定実効税率が42％から40％に変更されたケースを確認してみましょう。

〈期首〉

(将来減算)	
減損損失	1,000

×42% → 繰延税金資産 420

〈税率改正による期首の修正〉

(将来減算)	
減損損失	1,000

×40% → 繰延税金資産 400

繰延税金資産 △20

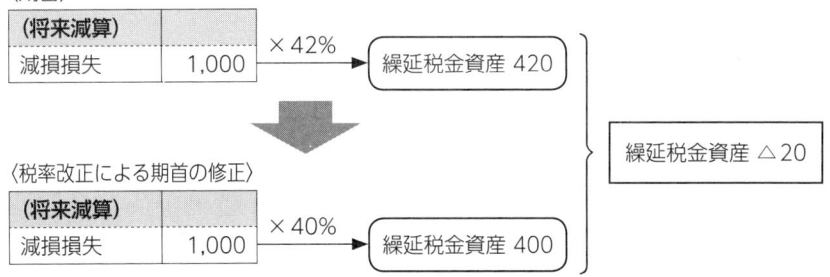

よって，繰延税金資産は20減少することになり，この差額は法人税等調整額に計上されます。仕訳は以下のとおりです。

| (借方) 法人税等調整額 | 20 | (貸方) 繰延税金資産 | 20 |

このとき，損益計算書は以下のようになります。

― 77 ―

売上高	1,000
売上原価	500
費用合計	**500**
税引前当期純利益	**500**
法人税等	200
法人税等調整額	20
法人税等合計	**220**
当期純利益	**280**

負担率 44%　←　**税率差異！**　→　法定実効税率 40%

　結局，一時差異は何ら増減していないのに，税率の変更があっただけで法人税等調整額が計上されてしまい，法人税等合計に影響を与えてしまうことがわかります。このため，税率差異が発生するのです。

Q24

税率差異が異常に大きい数値になる場合，どのような原因が考えられますか？

Answer

税引前当期純利益が例年より小さすぎることや，評価性引当額の増減，繰越欠損金の期限切れなどが考えられます。

税率差異とは，「法人税等の負担率」と「法定実効税率」の差異のことをいいます。ここで法人税等の負担率とは，法人税等と法人税等調整額の合計額（法人税等合計額）を税引前当期純利益で除した割合のことです。税率差異が異常値になるには，法定実効税率はそれほど増減するものではないので，法人税等の負担率が過大又は過少になる場合であると考えられます。そしてその原因は，法人税等合計額が異常値になるか税引前当期純利益が異常値になるかのどちらかと考えられます。

❶ 税引前当期純利益が過少な場合

税率差異を引き起こす要因が同じであっても，税引前当期純利益が少ないほど法人税等の負担率は大きく変動します。仮に税率差異の要因が永久差異（交際費100）のみであったとして，税引前当期純利益が400の場合と100の場合を考えてみます。

税引前当期純利益が400

【損益計算書（法人税等は未計上）】

売上高	1,000
売上原価	500
交際費	100
費用合計	600
税引前当期純利益	400
当期純利益	400

【法人税等の計算】

当期純利益	400
交際費　加算	＋100
課税所得	500
法人税等(40％)	200

税引前当期純利益が100

【損益計算書（法人税等は未計上）】

売上高	1,000
売上原価	800
交際費	100
費用合計	900
税引前当期純利益	100
当期純利益	100

当期純利益	100
交際費　加算	＋100
課税所得	200
法人税等(40％)	80

　この結果，法人税等を計上した損益計算書は以下のとおりです。税効果会計を適用していますが，永久差異である交際費しかなかったので，法人税等調整額は結果的に発生していません。

税引前当期純利益が400

【損益計算書（法人税等計上後）】

税引前当期純利益	400
法人税等	200
当期純利益	200

負担率 50％

税引前当期純利益が100

税引前当期純利益	100
法人税等	80
当期純利益	20

負担率 80％

　このように，税率差異の原因は全く同じであっても，税引前当期純利益が小さいと法人税等の負担率が異常に大きくなることがあります。法定実効税率はどちらも40％ですので，税引前当期純利益が100の事例では過大な税率差異が発生することになります。

❷ 評価性引当額の増減

　繰延税金資産は回収可能性があると判断されたものしか計上できません。繰延税金資産は将来減算一時差異に法定実効税率を乗じることで算定します。しかし，その全額が実際に貸借対照表に計上されるとは限りません。その中に回収不能と判断される金額がある場合は，「評価性引当額」という名目で繰延税金資産を減額することになるのです。表現を変えると，税引前当期純利益や法定実効税率とは関係なく，会社の判断で繰延税金資産を変動させるということです。以下の事例で確認してみましょう。

【損益計算書（法人税等は未計上）】

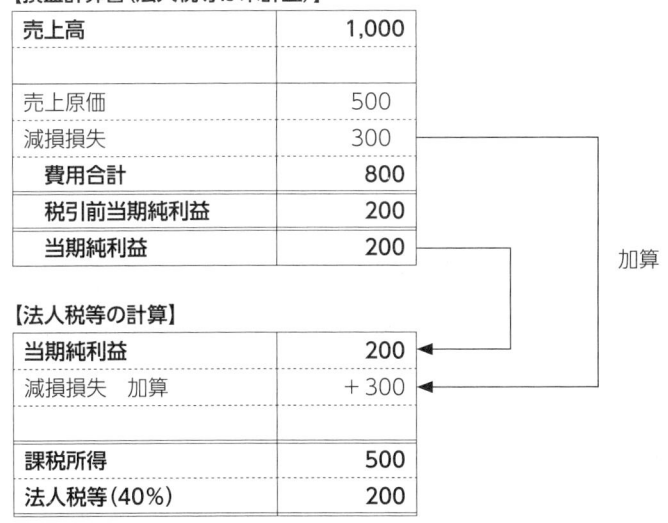

売上高	1,000
売上原価	500
減損損失	300
費用合計	800
税引前当期純利益	200
当期純利益	200

加算

【法人税等の計算】

当期純利益	200
減損損失　加算	＋300
課税所得	500
法人税等(40%)	200

　法人税申告書において加算した「減損損失300」は将来減算一時差異ですので，回収可能性があると判定されれば繰延税金資産を計上します。しかし，回収可能性がないと判断される部分があれば，その部分については「評価性引当額」として繰延税金資産を減額しなければなりません。これは資産負債法の考え方に基づき繰延税金資産の資産性を重視するからです。しかし，当然のことながら法人税等調整額にも次頁のとおり影響を与えます。

回収可能性あり

【繰延税金資産】

(一時差異)	
減損損失	300
繰延税金資産　小計	120
評価性引当額	―
繰延税金資産　合計	120

回収可能性なし

(一時差異)	
減損損失	300
繰延税金資産　小計	120
評価性引当額	△120
繰延税金資産　合計	0

回収可能性あり

【損益計算書（法人税等計上後）】

税引前当期純利益	200
法人税等	200
法人税等調整額	△120
法人税等合計	80
当期純利益	120

負担率 40%

回収可能性なし

税引前当期純利益	200
法人税等	200
法人税等調整額	―
法人税等合計	200
当期純利益	0

負担率 100%

　このように，回収可能性なしと判断し評価性引当額が発生した事例では過大な税率差異が発生することになります。逆に，これまで回収可能性なしと判断していたものを回収可能性ありに変更した場合は，評価性引当額が減少し繰延税金資産が増加しますので，法人税等合計が減少することになります。この法人税等の減少は税引前当期純利益や法定実効税率とは関係のない人為的判断によるものですので，負担率は大幅に減少する可能性があります。

❸ 繰越欠損金の期限切れ

　繰越欠損金は将来の課税所得と相殺され，将来の税額を減少させる効果があるため，繰延税金資産の計上対象になります。しかし，繰越期限が到来しても相殺しきれなった欠損金は，期限切れということで切り捨てられてしまいます。このとき，切り捨てられた繰越欠損金について繰延税金資産を計上していた場合，これを取り崩すことになります。

　以下では，繰越欠損金500（繰延税金資産200を計上中）のうち200を控除したケースを確認してみましょう。

第3章　法定実効税率と税率差異

【損益計算書(法人税等は未計上)】

売上高	1,000
売上原価	800
費用合計	800
税引前当期純利益	200
当期純利益	200

【法人税等の計算】

当期純利益	200
欠損金控除	△200
課税所得	0
法人税等(40%)	0

※平成23年度税制改正により，繰越欠損金を課税所得と相殺するのは控除前課税所得の80%までしかできなくなりました（一部中小企業を除く）。しかし，上表ではわかりやすさを重視するため100%相殺しています。

　繰越欠損金200を使ったため，これに該当する繰延税金資産80は取り崩すことになります。これにより，法人税等はゼロですが法人税等調整額が借方に80計上されます。したがって，税引前当期純利益200に対する負担率は40%となり，税率差異は出ないように思えます。そしてさらに，残りの繰越欠損金300をそのまま繰り越せるケースと，期限切れで切り捨てるケースを比較してみます。

そのまま繰り越し

【損益計算書(法人税等計上後)】

税引前当期純利益	200
法人税等	0
法人税等調整額	80
法人税等合計	80
当期純利益	120

負担率 40%

期限切れで切り捨て

税引前当期純利益	200
法人税等	0
法人税等調整額	200
法人税等合計	200
当期純利益	0

負担率 100%

繰越欠損金300が期限切れで切り捨てられる場合，これに計上していた繰延税金資産120も取り崩すことになります。これにより，右のケースでは法人税等調整額が借方に合計200計上されることになります。この結果，法人税等の負担率が非常に大きな数値となり，過大な税率差異が発生することになります。繰越欠損金はあくまで税法に基づいて，会計とは関係のないところで繰り越しているものです。したがって，税法に基づいて期限切れで切り捨てたとしても，会計とは全く関係のない話ですので税率差異が発生します。

　ただし，繰越欠損金について繰延税金資産を計上する場合，回収可能性がないと見られる部分につき評価性引当額を認識することも多くあります。そのため，表面上はそれほど税率差異が出ていないように見えることもありますが，それは，繰越欠損金の期限切れによる税率差異と，評価性引当額の減少による税率差異が打ち消し合っているからなのです。

第4章 繰延税金資産の回収可能性の判定

Q25

そもそも繰延税金資産を「回収する」とはどういう意味ですか？

Answer

将来において実際に一時差異が解消して課税所得を減算し，納税額を減らすことを「回収する」と表現しています。現実に税務署からお金を受け取るのではありません。

賞与引当金や減損損失などの将来減算一時差異が発生すると，繰延税金資産を計上することになります。このとき，日本の会計基準では資産負債法の考え方を採用していますので，繰延税金資産の「資産性」が要求されます。税効果会計における繰延税金資産の資産性は，「将来回収できるか」にかかっています。では，そもそも繰延税金資産を「回収する」とはどのような状況を意味するのでしょうか。次頁の基本的なケースで「回収」のイメージを確認してみましょう。

1 当期

【損益計算書（法人税等は未計上）】

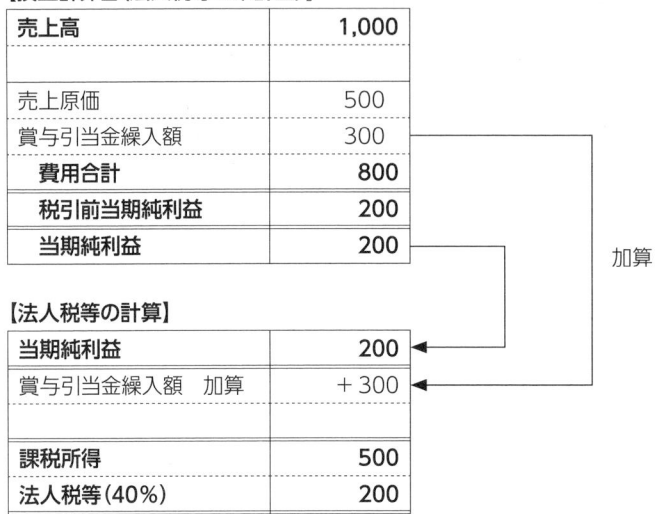

売上高	1,000
売上原価	500
賞与引当金繰入額	300
費用合計	800
税引前当期純利益	200
当期純利益	200

【法人税等の計算】

当期純利益	200
賞与引当金繰入額　加算	＋300
課税所得	500
法人税等（40％）	200

当期純利益 → 加算
賞与引当金繰入額　加算 ←

一時差異

（将来減算一時差異）	
賞与引当金	300

×40% → 繰延税金資産120

　以上より，当期末の税金関係の仕訳は以下のとおりです。

〈法人税等の計上〉

| (借方) 法 人 税 等 | 200 | (貸方) 未 払 法 人 税 等 | 200 |

〈繰延税金資産の計上〉

| (借方) 繰 延 税 金 資 産 | 120 | (貸方) 法 人 税 等 調 整 額 | 120 |

　この結果，これらを反映した最終の損益計算書及び貸借対照表は以下のとおりです。

【損益計算書（税効果適用後）】

税引前当期純利益	200
法人税等	200
法人税等調整額	△120
法人税等合計	**80**
当期純利益	**120**

【貸借対照表（税効果適用後）】

…	…
繰延税金資産	120
…	…

　貸借対照表には繰延税金資産120が計上されています。これは，将来的に「回収できる」と判断したから計上しているわけです。では，将来においてどのように回収されるのか，翌期を見てみましょう。

2　翌　期

【損益計算書（法人税等は未計上）】

売上高	1,000
売上原価	500
費用合計	**500**
税引前当期純利益	**500**
当期純利益	**500**

【法人税等の計算】

当期純利益	500
賞与引当金　認容	△300
課税所得	200
法人税等(40%)	80

減算！

　翌期において賞与が実際に支給されたので，留保していた賞与引当金300が

認容されます。当初の課税所得は500だったので，そのままであれば法人税等200が発生するところでしたが，賞与引当金300を減算したことで法人税等を80まで減らすことができました。このように，繰延税金資産の対象となった将来減算一時差異が無事に将来の課税所得を減らし，税額を減らすことを「回収する」というのです。もしこのとき当初の課税所得がゼロであったなら，そもそも法人税等はゼロであり，賞与引当金を減算してもこれ以上税額を減らすことはできません。よって，この場合は「回収できていない」ことになります（それにより繰越欠損金が発生し，将来において課税所得と相殺できたならば，「回収できた」ことになります）。

最終的に翌期の法人税等は80になり，繰延税金資産は全額を取り崩すことになります。

〈法人税等の計上〉

| (借方) 法 人 税 等 | 80 | (貸方) 未 払 法 人 税 等 | 80 |

〈繰延税金資産の取り崩し〉

| (借方) 法 人 税 等 調 整 額 | 120 | (貸方) 繰 延 税 金 資 産 | 120 |

【損益計算書（税効果適用後）】

税引前当期純利益	500
法人税等	80
法人税等調整額	120
法人税等合計	**200**
当期純利益	**300**

【貸借対照表（税効果適用後）】

…	…
繰延税金資産	―
…	…

第4章 繰延税金資産の回収可能性の判定

Q26

回収可能性の判断を行う「スケジューリング」とは何ですか？ なぜスケジューリングが必要なのですか？

─ Answer ─

将来減算一時差異が本当に将来の税金を減らすことができるのか，時系列で展開して具体的に確認することです。回収可能性をできるだけ精緻に検討するために必要な手続です。

将来減算一時差異について繰延税金資産を計上するには，その繰延税金資産が回収可能と判断できることが条件になります。つまり，将来的にその一時差異が解消するときに，実際に課税所得を減算して税額を減らすことができるのか？ ということです。そこで，以下の点を検討する必要があります。

・その将来減算一時差異は，実際にいつ減算されるのか
・そのとき，その減算金額を十分吸収できるほどの課税所得があるのか

❶ 将来減算一時差異はいつ減算されるのか

将来減算一時差異にも様々な種類があり，実際に減算されるタイミングも様々です。例えば以下のとおりです。

将来減算一時差異	減算されるタイミング
賞与引当金	支給されたとき（通常は翌期）
未払事業税	申告書を提出したとき（通常は翌期）
退職給付引当金	掛金の払い込みや退職金の支払があったとき
減損損失（土地）	売却したとき
減損損失（償却資産）	除売却したとき，又は税務上の減価償却に伴って徐々に減算

賞与引当金や未払事業税などは，いつ減算されるのかがわかりやすいと言えます。

しかし，土地の減損損失は将来の売却が確定しているのであればよいのです

が，確定していなければいつ減算されるかは不明としか言えません。有価証券評価損の一時差異も同様です。いつ売却するかの予定が決まっていないと，将来的な減算時期などわかりません。

また，償却資産の減損損失などは土地の場合と異なり，売却の予定がなくても税務上の減価償却に伴って徐々に減算されていきます。しかし，実際にどの年度にいくら減算されるのかがわからないと，回収可能かどうかの具体的な判定はできません。

このように，一口に「将来減算一時差異」と言ってもその減算時期は様々です。したがって，一つ一つ具体的に減算が予定される年度とその金額のスケジュールを見積もる必要があります。

❷ 減算金額を十分吸収できるほどの課税所得があるか

将来的にどの年にいくら減算が発生するかがわかれば，次はそれを吸収できるだけの課税所得が発生するのかどうかが問題です。せっかく減算が発生しても，そもそも課税所得が発生していなければ税額を減らすことなどできません。

一番簡単なのは，通常の事業から毎年十分すぎるほどの課税所得が発生している場合です。この場合は，回収可能性は問題ありません。しかし，現実はそう簡単ではありません。実際は，含み益のある資産を売却して所得を上乗せしたり，将来加算一時差異が加算されたりして，その結果やっと減算額を上回るようなこともあります。ということは，これらも加味した上で，どの年度にどれだけの課税所得が発生するかのスケジュールを見積もる必要があります。

そして，このようにして見積もった将来における減算と課税所得のスケジュールを比較することで，ようやく具体的な回収可能額の判定ができるのです。この一連の検討手続を「スケジューリング」と呼びます。

第4章　繰延税金資産の回収可能性の判定

Q27

スケジューリングは具体的にどのように行えばよいのですか？

Answer

将来減算一時差異，将来加算一時差異，課税所得（タックスプランニング含む）のスケジュールを見積もり，これを合算して将来減算一時差異を吸収できるかどうか検討します。

スケジューリングは本来，原則的な手順が定められています。これはまず，将来減算一時差異と将来加算一時差異を解消年度別に集計し，これらを相殺するところから始まります。しかし，実務において重要な将来加算一時差異が発生している会社は，それほど多くないと考えられます。そこで，将来加算一時差異に重要性がない会社では，年度ごとに将来加算一時差異と見積課税所得を合算し，これと将来減算一時差異とを比較する方法も認められています。実際はこちらの方法の方が一般的と考えられますので，以下ではその方法を解説します。

❶ 将来減算一時差異のスケジューリング

期末に発生している将来減算一時差異について，今後どの年度にいくら解消する（減算が発生する）のかを見積もります。

◆将来減算一時差異のスケジューリング（イメージ）

一時差異	当期末	＋1期	＋2期	＋3期	＋4期	＋5期	長期[※1]	不能[※2]
賞与引当金	300	300						
未払事業税	200	200						
減損損失（土地）	1,000			1,000				
有価証券評価損	500							500
合計	2,000	500		1,000				500

※1　解消が長期間に渡るもの
※2　スケジューリングが不能なもの

賞与引当金は翌期に支給予定なので全額が＋1期で解消予定です。翌期に事業税の申告書を提出するので，未払事業税も全額が＋1期に解消予定です。減損を行った土地については，＋3期での売却が取締役会で決議されているので，そこで解消する予定です。評価損を計上した有価証券については，特に売却等の予定はないのでスケジューリング不能としています。

❷ 課税所得（将来加算一時差異含む）の見積り

今後発生する課税所得を年度ごとに見積もります。必要なのは会計上の利益ではなく税務上の課税所得ですので，交際費等がある場合は調整が必要です。また，期末に発生している将来加算一時差異について，今後どの年度にいくら解消する（加算が発生する）のかを見積もります。

◆課税所得の見積り(イメージ)

項目	当期末	＋1期	＋2期	＋3期	＋4期	＋5期	長期	不能
利益(計画)		500	500	1,000	500	500		
交際費等		＋50	＋50	＋50	＋50	＋50		
(将来加算一時差異) 特別償却準備金	400	＋100	＋100	＋100	＋100			
課税所得　合計	400	650	650	1,150	650	550		

＋3期には多額の含み益を有する資産の売却を予定しています。特別償却準備金は今後4年間で解消する予定です。

❸ 回収可能性の判定（合算）

ここまででスケジューリングを行った課税所得と将来減算一時差異を比較して，回収可能性についての判定を行います。

第4章　繰延税金資産の回収可能性の判定

項目	当期末	+1期	+2期	+3期	+4期	+5期	長期	不能
利益(計画)		500	500	1,000	500	500		
交際費等		+50	+50	+50	+50	+50		
(将来加算一時差異) 特別償却準備金	400	+100	+100	+100	+100			
課税所得　合計①	400	650	650	1,150	650	550		
(将来減算一時差異)								
賞与引当金	300	300						
未払事業税	200	200						
減損損失(土地)	1,000			1,000				
有価証券評価損	500							500
一時差異　合計②	2,000	500	0	1,000	0	0		500
差引①－②		150	650	150	650	550		

　このように，スケジューリング不能な有価証券評価損500以外の将来減算一時差異については，これを吸収できるだけの課税所得が発生することがわかりました。ということは，この将来減算一時差異が解消することによって将来の税額を減らすことができる，すなわち「回収できる」と考えられるわけです。

Q28

回収可能性についての5段階の会社区分とはどのような内容ですか？ なぜ会社区分を判定する必要があるのですか？

Answer

回収可能性の判定を行うために業績に応じて会社を5段階の区分にわけ，その区分ごとのルールに従って判定を行います。できるだけ客観的な判定を行えるよう，このような方法が採用されています。

会社は一時差異や課税所得を将来に渡ってスケジューリングし，十分な課税所得があるかを検討して繰延税金資産の回収可能性を判定します。しかし，この判定には見積りの要素が非常に多いので，会社の方針次第で結果は大きく異なってきます。具体的には以下のようなポイントに関する方針です。

◎ 何年先までスケジューリング可能とするか
◎ スケジューリング不能な一時差異をどう扱うか
◎ 解消が長期に渡る一時差異をどう扱うか

そこで，業績に応じて会社を5段階に区分し，その区分ごとに定められたルールに従って判定を行うことにより，できるだけ客観的な判定が行われるようにしています。具体的には「繰延税金資産の回収可能性の判断に関する監査上の取扱い（監査委員会報告第66号）」に記載されています。これはあくまで公認会計士が監査を行う上での取扱いを定めているものであって，会計基準ではありません。しかし，この取扱いに従って監査が行われる以上，結局会社としてもこの取扱いの通りに会計処理を行う必要があるのです。

では，その具体的な5段階の区分と，それぞれのルールを確認しましょう。

◆回収可能性の区分と取扱い

区分	内容	取扱い
①	業績は安定しており,十分な課税所得が発生している会社	すべての繰延税金資産を回収可能として取り扱う。したがってスケジューリングを行う必要もない
②	業績は安定しているが,十分な課税所得が発生しているとまでは言い切れない会社	スケジューリング可能年数：制限なし 長期差異：回収可能 不能差異：回収不能
③	業績が不安定な会社	スケジューリング可能年数：概ね5年以内 長期差異：5年を超えても最終的に解消されると見込まれるものは回収可能 不能差異：回収不能
④	業績が悪く重要な税務上の繰越欠損金等が発生している会社	スケジューリング可能年数：翌期のみ 長期差異：翌期に回収されるもののみ回収可能 不能差異：回収不能
	重要な税務上の繰越欠損金等は発生しているが,リストラ等の特別な事情によるものである会社	区分③と同じ
⑤	債務超過に陥っているなど,業績が非常に悪い会社	すべての繰延税金資産を回収不能として取り扱う

1 区分①の会社

業績が好調で安定しており,将来減算一時差異を十分上回る課税所得を毎期(当期及び概ね過去3年以上)計上している会社です。このような会社では,今後も十分な課税所得が計上されると予想できるので,特にスケジューリングをしなくてもすべての繰延税金資産が回収可能として取り扱われます。

2 区分②の会社

業績は安定しているのですが(当期及び概ね過去3年以上),将来減算一時差異を十分に上回るほどとは言い切れない会社です。このような会社では無条件に十分な課税所得が計上されるとまでは言えませんが,スケジューリングをした上で問題ないと判断したのであれば,回収可能ということができます。したがって,特に年数に制限はなくスケジューリングを行った結果に基づいて計上された繰延税金資産は,回収可能として取り扱われます。

解消が長期に渡る一時差異についても，長い目で見れば最終的にはすべて回収できると考えられるため，全額が回収可能として取り扱われます。ただし，さすがにスケジューリング不能な一時差異については回収不能として取り扱われます。

3　区分③の会社

黒字の年もあれば赤字の年もある，といったように業績がブレており安定しない会社です。このような会社では，もちろん無条件に十分な課税所得が計上されるなどと言えませんし，そもそも将来の課税所得を見積もること自体が困難です。したがって，概ね5年以内を限度としてスケジューリングを行った結果に基づいて計上された繰延税金資産は，回収可能として取り扱われます。

解消が長期に渡る一時差異については，5年を超えて解消する部分についても最終的には解消されると見込まれる場合，回収可能として取り扱われます。ただし，スケジューリング不能な一時差異については回収不能として取り扱われます。

4　区分④の会社

業績が悪く，次のような状況に該当する会社です。
◎　期末に重要な税務上の繰越欠損金がある
◎　過去（概ね3年以内）に重要な繰越欠損金の期限切れがあった
◎　期末に重要な繰越欠損金の期限切れが見込まれる

このような会社では，将来数年に渡って課税所得を見積もることは非常に難しいと言えます。したがって，翌期のみを限度としてスケジューリングを行った結果に基づいて計上された繰延税金資産は，回収可能として取り扱われます。解消が長期に渡る一時差異についても同様です。スケジューリング不能な一時差異については，当然に回収不能として取り扱われます。

5　区分④但書の会社

　期末に重要な繰越欠損金があるなど区分④に該当しますが，ただしそれが過去のリストラなどの特殊な要因で生じたものである会社です。重要な繰越欠損金がある以上業績好調とは言えませんが，通常の区分④の会社よりはまだ大丈夫と言えます。そこで，このような会社の繰延税金資産の回収可能性については，区分③の会社と同様の取扱いとなっています。

6　区分⑤の会社

　非常に業績が悪く，次のような状況に該当する会社です。

- ◎　過去（概ね3年以上）連続して重要な税務上の繰越欠損金を計上しており，当期も重要な欠損金の計上が見込まれる
- ◎　債務超過である ⎫
- ◎　資本の欠損が長期化 ⎬ 短期的な改善困難

　このような会社では，近い将来での課税所得の発生は見込めないため，すべての繰延税金資産が回収不能として取り扱われます。

Q29

スケジューリングが不能な一時差異とは，どのようなものがあるのですか？ また，どのように扱えばよいのですか？

Answer

最終的な除売却予定が決まっていない固定資産の減損損失や有価証券評価損などが挙げられます。十分な課税所得がある会社（区分①）以外では，すべて回収不能として扱います。

❶ スケジューリング不能な一時差異とは

一時差異とは会計と税務のズレのうち，一時的にズレるが長い目で見るとズレが解消されるものを指します。ということは，いずれどこかで減算ないし加算されて消滅することになります。しかし，一時差異にも様々なものがあり，明確にその解消時期を特定できるものもあればそうでないものもあります。

◆一時差異と解消のタイミング

一時差異	解消のタイミング
賞与引当金	支給されたとき（通常は翌期）
未払事業税	申告書を提出したとき（通常は翌期）
退職給付引当金	掛金の払い込みや退職金の支払があったとき
減損損失（償却資産）	除売却したとき，又は税務上の減価償却に伴って徐々に減算
減損損失（土地）	売却したとき
有価証券評価損	売却したとき

賞与引当金や未払事業税などは，通常は翌期に減算されますのでスケジューリングが容易です。退職給付引当金や償却資産の減損損失などは長期間を要しますが，会社が存続していく限りは退職金の支払や減価償却などに伴って，徐々に減算されると考えられます。

しかし，土地の減損損失や有価証券評価損などは，減価償却などによって

徐々に減算されることはありません。将来における売却計画が確定しているのであればそこで減算されると言えますが、確定していなければいつ減算されるかは不明としか言えません。このようにいつ解消するか予定が立てられない一時差異のことをスケジューリング不能な一時差異と呼びます。

スケジューリング不能な一時差異に該当すると、スケジューリング表においては以下のとおり「不能」の列に記載することになります。

◆一時差異のスケジューリング

一時差異	当期末	＋1期	＋2期	＋3期	＋4期	＋5期	長期	不能
減損損失（土地）	1,000			1,000				
有価証券評価損	500							500
合計	1,500			1,000				500

この表においてスケジューリング不能な一時差異に該当するのは、有価証券評価損です。将来における売却計画が決まっておらず、いつ減算されるのか確定していないためです。これに対して減損損失（土地）は＋3期における土地の売却が正式に決定されているため、スケジューリング可能として扱われます。

2 取扱い

スケジューリング不能な一時差異に分類されると、原則として回収不能として取り扱われます。今後対象資産の除売却などが決定され、スケジューリングが可能になって初めて、回収可能と判定される場合が出てくるのです。ただし、回収可能性についての5区分の会社分類において、区分①に該当する会社は事情が異なります。この会社においては十分な課税所得が見込まれているので、スケジューリング不能な一時差異も含めてすべての一時差異が回収可能として取り扱われます。

Q30

解消が長期に渡る将来減算一時差異とは，どのようなものがあるのですか？ また，どのように扱えばよいのですか？

Answer

減価償却超過額や退職給付引当金が代表的です。5段階の会社区分のどこに該当するかで取扱いが異なります。

❶ 解消が長期に渡る将来減算一時差異とは

賞与引当金や未払事業税などの一時差異は，通常は翌期に全額解消します。また減損損失や有価証券評価損などの一時差異も，除売却をしてしまえば一気に全額解消します。しかし，一時差異の中には以下のとおり解消に長い年数を要するものがあります。

◆解消が長期に渡る将来減算一時差異

一時差異	解消が長期に渡る理由
減価償却超過額	税務上の減価償却限度額を上回る減価償却費を会計上で計上すると，将来減算一時差異（減価償却超過額）が発生する。当該資産の除売却を行わない場合，この一時差異は今後の減価償却を通じて徐々に解消されることになる。建物などは耐用年数が長いため，特に長期間に渡って解消されることになる。
退職給付引当金	会計上は期末に発生している退職給付債務を見積もって引当計上するが，税務上はまだその時点では損金とはならない。将来的に掛金の払い込みや退職金の支払があって初めて損金となる。そのため将来減算一時差異が発生する。この引当金の設定対象となっている従業員が実際に退職するのは何年あるいは何十年も先のことであるため，一時差異の解消には長期間を要することになる。

このように減価償却超過額や退職給付引当金といった将来減算一時差異は，解消に長期間を要することになります。だからといって，スケジューリングが不能というわけではありません。他の一時差異よりも期間が長くなるので手間はかかりますが，解消のスケジュールを立てることは可能です。

解消が長期に渡る将来減算一時差異に該当すると，スケジューリング表においては以下のとおり「長期」の列に記載することになります。

◆一時差異のスケジューリング

一時差異	当期末	+1期	+2期	+3期	+4期	+5期	長期	不能
有価証券評価損	500							500
減価償却超過額	1,000	50	50	50	50	50	750	
合計	1,500	50	50	50	50	50	750	500

この表において解消が長期に渡る将来減算一時差異に該当するのは，減価償却超過額です。将来における除売却計画が決まっていないため一気に解消とはいきませんが，減価償却により何年もかけて徐々に解消していくことはわかっています。これに対して，有価証券評価損は将来における売却が予定されていないため，いつ解消するか不明です。したがって，スケジューリング不能な一時差異となります。

2 取扱い

解消が長期に渡る将来減算一時差異に該当すると，その回収可能性の取扱いは「監査委員会報告第66号」の5段階区分に応じて次頁のとおりに決められています。

◆回収可能性の区分と取扱い

区分	内容	長期に渡る一時差異の取扱い
①	業績は安定しており、十分な課税所得が発生している会社	回収可能
②	業績は安定しているが、十分な課税所得が発生しているとまでは言い切れない会社	回収可能
③	業績が不安定な会社	5年を超えても最終的に解消されると見込まれるものは回収可能
④	業績が悪く重要な税務上の繰越欠損金等が発生している会社	スケジューリングの結果翌期に回収されるもののみ回収可能
④	重要な税務上の繰越欠損金等は発生しているが、リストラ等の特別な事情によるものである会社	区分③と同じ
⑤	債務超過に陥っているなど、業績が非常に悪い会社	回収不能

第4章　繰延税金資産の回収可能性の判定

Q31
役員退職慰労引当金のスケジューリングはどのように考えたらよいのですか？

― Answer ―
役員の退職時期を合理的に予測できる場合は，その時期に一時差異が解消するものとしてスケジューリングします。退職時期を予測できない場合はスケジューリング不能とします。

❶ 退職給付引当金との違い

役員が退職する際に，慰労金を支払う会社があります。この役員退職慰労金は，役員在任中の役務に対して支払われるものと位置づけられます。したがって，会計上は期末時点の発生額を「役員退職慰労引当金」として計上することになります。しかし，税務上はこのような引当金の繰入は損金として認められないため，将来減算一時差異になります。

この役員退職慰労引当金のスケジューリングには注意が必要です。退職給付引当金と似ているので，同様に「解消が長期に渡る一時差異」として扱えばよいのでは？　とも思えます。しかし，この2つの一時差異には以下のような違いがあります。

一時差異	退職給付引当金	役員退職慰労引当金
特徴	・すべての従業員について厳密にスケジューリングを行うことは，人数が多く非常に煩雑 ・通常は定年までに退職するはずなので，少なくともその時点までには一時差異が解消すると想定できる	・役員の人数は少数なので，個々のスケジューリングを行うことが可能 ・役員の任期は特殊。特にオーナー企業では任期などないようなもの。したがって「いずれ解消する」という発想は馴染まず，スケジューリングが必要

↓　　　　　　　　　↓
解消が長期に渡る一時差異　　　スケジューリングが必要な一時差異

− 103 −

そのため「税効果会計に関するQ&A」(日本公認会計士協会)において，役員退職慰労引当金についてはきちんとスケジューリングを行った上で，回収可能性を検討しなければならない旨が明記されています。

2 スケジューリングの際の注意点

役員退職慰労金が税務上の損金として認められるのは，役員の退職に伴い株主総会決議で慰労金の額を確定させたときか，実際に本人に支給したときです。そしてこのタイミングで一時差異が解消することになります。ということは，一時差異のスケジューリングを行うためには，「いつ役員が退職するのか」がわからないとやりようがありません。しかし，役員の任期は一般従業員と違って特殊な場合があります。極端な例はオーナー企業のオーナーです。任期や定年などないに等しく，本人が「辞めよう」と思ったときに辞めるというケースは珍しくありません。

そこで，役員の任期・定年に関する社内規程や，過去の役員退職の実績などから，合理的に各役員の退職時期を予測してスケジューリングを行う必要があります。逆の言い方をすると，合理的な退職時期を予測できない場合は，スケジューリング不能として扱うということです。したがって，以下のようなケースでは，スケジューリング不能として扱う場合が出てきます。

- ◎ 規程はあるが実際はこれに従っておらず，退職時期を予測できない
- ◎ オーナー社長なのでいつ辞めるかなどわからない

第4章　繰延税金資産の回収可能性の判定

Q32

将来の課税所得を見積もる際に必要な業績予測には，どのような数値を用いたらよいのですか？

Answer

取締役会等の承認を得た，会社の現状に合った業績予測であることが必要です。

❶ 業績予測が与える影響

　繰延税金資産の回収可能性を判定する際にスケジューリングを行いますが，このとき将来の業績予測から課税所得を見積もります。あくまで見積りなので将来の実績とはいくらかズレることは仕方ありませんが，あまりに大きくズレるのは困ります。というのも，課税所得の見積り次第で回収可能性の判定結果が大きく変動するからです。具体的には以下のスケジューリング表を見てください。

◆本来の業績予測によるスケジューリング

項目	当期末	＋1期	＋2期	＋3期	＋4期	＋5期	長期	不能
利益（業績予測）		300	350	400	450	500		
交際費等		＋50	＋50	＋50	＋50	＋50		
課税所得　合計①		350	400	450	500	550		
（将来減算一時差異）								
減損損失（土地）	1,000					1,000		
一時差異　合計②	1,000	0	0	0	0	1,000		
差引①−②		350	400	450	500	△450		

　＋5期に減損対象となった土地の売却が決定しているので，一時差異1,000が減算されることになります。これに対して＋5期の課税所得は550と見積もられているので，450は回収不能と判定されます。仮に法定実効税率が40％と

すると，繰延税金資産は220（＝550×40％）しか計上できないことになります。

そこで，会社が以下のようにもっと強気の業績計画を立てたらどうなるでしょう。

◆強気な業績予測によるスケジューリング

項目	当期末	＋1期	＋2期	＋3期	＋4期	＋5期	長期	不能
利益（業績予測）		500	600	700	800	1,000		
交際費等		＋50	＋50	＋50	＋50	＋50		
課税所得　合計①		550	650	750	850	1,050		
（将来減算一時差異）								
減損損失（土地）	1,000					1,000		
一時差異　合計②	1,000	0	0	0	0	1,000		
差引①－②		550	650	750	850	50		

一時差異については何も変わっていませんが，業績予測を強気にしただけで全額回収可能という結果に変わってしまいました。その結果，繰延税金資産は400（＝1,000×40％）全額を計上できることになります。

❷ 必要な業績予測値

このように，業績予測次第で繰延税金資産の計上額が変わってしまう可能性があるので，業績予測の数値は非常に大事です。特に，強気すぎる業績予測は非常に危険です。そこで，将来の課税所得を見積もる際に用いる業績予測には，以下の条件が要求されています。

　◎　取締役会等の承認を受けている業績予測であること
　◎　会社の現状に合った業績予測であること

回収可能性の判定のために経理部が独自の業績予測値を算定し，これを用いているようなケースを見ることがありますが，これは認められません。あくまで取締役会等の承認を受けた，会社としてのオフィシャルな業績予測であることが必要です。また，取締役会の承認を受けているとしても，現状に合ってい

ないと考えられる業績予測は駄目です。社員に刺激を与えるためにあえて強気な予測を立てる会社もあるでしょうが，現状とかけ離れた数値はやはり認められません。

Q33

スケジューリングにおいて当期末に繰越欠損金がある場合や，将来減算一時差異が解消することで繰越欠損金が発生すると予想される場合はどのように扱えばよいのですか？

Answer

繰越期限内に見積課税所得と相殺できるかどうかをスケジューリングします。

1 期末に繰越欠損金がある場合

期末において税務上の繰越欠損金がある場合，繰延税金資産の計上対象になります。当然，回収可能性があるかどうか判定をした上で繰延税金資産を計上します。しかし，実際にスケジューリングを行う際に繰越欠損金をどう扱えばよいのか，わかりにくいところです。実際の例で確認してみましょう。

◆当期末に繰越欠損金がある場合

項目	当期末	＋1期	＋2期	＋3期	＋4期	＋5期	長期	不能
見積課税所得 ①		200	200	250	250	300		
(将来減算一時差異)								
賞与引当金	100	100						
一時差異 合計②	100	100	0	0	0	0		
欠損金控除前所得 ③＝①－②		100	200	250	250	300		
繰越欠損金相殺 ④		100	200	250	250	200		
控除後所得③－④		0	0	0	0	100		
繰越欠損金 残高	1,000	900	700	450	200	0		

＊平成23年度税制改正により，繰越欠損金を課税所得と相殺するのは控除前税所得の80％までしかできなくなりました（一部中小企業を除く）。上表ではわかりやすさを重視するため100％相殺していますが，今後はスケジューリングにおいても80％を上限とする必要があります。

当期末に将来減算一時差異として賞与引当金100があります。これは＋1期

の支給時に解消するので，＋1期の見積課税所得から減算します。それにより算定された＋1期の欠損金控除前所得は100になりましたので，当期末の繰越欠損金1,000のうち100と相殺することができます。この結果，＋1期末には繰越欠損金が900残ることになります。＋2期以降も同様の計算を行った結果，繰越期限切れになることもなく最終的に＋5期において繰越欠損金をすべて使い切ることができそうです。後はこのスケジューリング結果に基づき，会社の5段階区分に従って当期末に計上すべき繰延税金資産を計上します。

1　区分①～③，④但書の会社

◆繰延税金資産

（一時差異等）	金額	繰延税金資産
賞与引当金	100	40
繰越欠損金	1,000	400
繰延税金資産　小計		440
評価性引当額		―
繰延税金資産　合計		440

＊法定実効税率は40％と仮定しています。

　区分①の会社はもともと全額回収可能の扱いです。区分②の会社であっても，すべての一時差異等がスケジューリングできたので，結果的に全額回収可能となります。また区分③と④但書の会社でも，5年以内に解消するとスケジューリングできたので，全額回収可能となります。

2　区分④の会社

◆繰延税金資産

（一時差異等）	金額	繰延税金資産
賞与引当金	100	40
繰越欠損金	1,000	400
繰延税金資産　小計		440
評価性引当額		△360
繰延税金資産　合計		80

区分④の会社では，翌期に解消される一時差異のみが回収可能とされます。したがって，スケジューリングの結果＋1期末に残ってしまった繰越欠損金900は，回収不能の扱いになります。その結果評価性引当額360が減額され，結果的に賞与引当金100と＋1期で相殺できた繰越欠損金100に対応する繰延税金資産80だけが，計上できることになります。

3　区分⑤の会社

◆繰延税金資産

（一時差異等）	金額	繰延税金資産
賞与引当金	100	40
繰越欠損金	1,000	400
繰延税金資産　小計		440
評価性引当額		**△440**
繰延税金資産　合計		0

区分⑤の会社では，すべての繰延税金資産は回収不能とされます。したがって，全く計上できません。そもそも区分⑤に該当するような会社で，繰越欠損金を使い切ることができるようなスケジューリングになること自体，強気すぎる懸念があります。

❷　一時差異の解消により繰越欠損金が発生する場合

将来減算一時差異が解消する年度において，減算額を上回る課税所得が発生すると予測される場合は特に悩むことはありません。しかし，減算額の方が大きく繰越欠損金が発生してしまうと予測される場合，どのように考えたらよいのか悩ましいところです。その年度の課税所得で吸収できない時点で回収不能とするか，その後の年度の所得と相殺できるなら回収可能とするのか，ということです。

第4章　繰延税金資産の回収可能性の判定

◆将来に繰越欠損金が発生する場合

項目	当期末	＋1期	＋2期	＋3期	＋4期	＋5期	長期	不能
見積課税所得　①		200	200	250	250	300		
(将来減算一時差異)								
減損損失	800		800					
一時差異　合計②	800	0	800	0	0	0		
欠損金控除前所得 ③＝①－②		200	△600	250	250	300		
繰越欠損金相殺　④		0	0	250	250	100		
控除後所得③－④		200	△600	0	0	200		
繰越欠損金　残高	0	0	600	350	100	0		

　減損損失800の対象となっている土地を＋2期に売却することが正式決定しているので，＋2期に減算800が発生するとスケジューリングしています。＋2期の見積課税所得は200しかないので，＋2期においては繰越欠損金600が発生すると予測されます。では＋2期で回収しきれなかった繰越欠損金600については，回収不能とするのでしょうか。答えはNOです。＋2期で減損損失800のうち600が繰越欠損金になったとしても，＋3期以降の見積課税所得と相殺できることが予測されるのなら，回収可能として扱います。後はこのスケジューリング結果に基づき，会社の5段階区分に従って当期末に計上すべき繰延税金資産を計上します。

1　区分①〜③，④但書の会社

◆繰延税金資産

（一時差異等）	金額	繰延税金資産
減損損失	800	320
繰延税金資産　小計		320
評価性引当額		—
繰延税金資産　合計		320

＊法定実効税率は40％と仮定しています。

区分①の会社はもともと全額回収可能の扱いです。区分②の会社であっても，すべての一時差異等がスケジューリングできたので，結果的に全額回収可能となります。また区分③と④但書の会社でも，5年以内に解消するとスケジューリングできたので，全額回収可能となります。

2 区分④，⑤の会社

（一時差異等）	金額	繰延税金資産
減損損失	800	320
繰延税金資産　小計		320
評価性引当額		△320
繰延税金資産　合計		0

区分④の会社では，翌期に解消される一時差異のみが回収可能とされます。しかし，この事例では＋1期に一時差異の解消がないので，全額が評価性引当額で減額され繰延税金資産は計上できません。区分⑤の会社では，すべての繰延税金資産が回収不能とされますので全く計上できません。

第4章 繰延税金資産の回収可能性の判定

Q34

タックスプランニングとは何ですか？ スケジューリングにおいてタックスプランニングはどのように扱えばよいのですか？

Answer

多額の将来減算一時差異の解消年度などに合わせてあえて含み益のある資産を売却するなど，将来の納税額を抑えるための計画を立てることです。一定の条件下でスケジューリングに反映させることができます。

❶ タックスプランニングとは

タックスプランニングとは，ひとことで言うと「税金の計画を立てること」です。様々な特別措置や節税テクニックなどを駆使して，将来的な納税額を低く抑えられるように計画を立てることです。その中でも，多額の含み益を抱えている資産を売却してあえて課税所得を出し，多額の将来減算一時差異の解消や繰越欠損金とぶつける行為が一般的でしょう。

以下のとおり，将来において多額の減損損失の認容が見込まれている年度があるとします。しかもその年度の見積課税所得では，減算額を吸収しきれず欠損金になりそうであるとします。

【法人税申告書（資産売却なし）】

当期純利益	300
減損損失　認容	△1,000
課税所得	△700
法人税(30％)	0

→ 繰越欠損金へ！

減損損失1,000が認容されたものの当期純利益は300しかないと予測されているので，700もの繰越欠損金が発生します。もちろん最大9年間繰り越して

- 113 -

将来の課税所得と相殺できます。しかし，そのメリットを享受できるのは随分先になるかもしれませんし，期限切れになる可能性もあります。そこで，多額の含み益（700）を抱えている有価証券を，あえてこの年度で売却したらどうなるでしょうか。

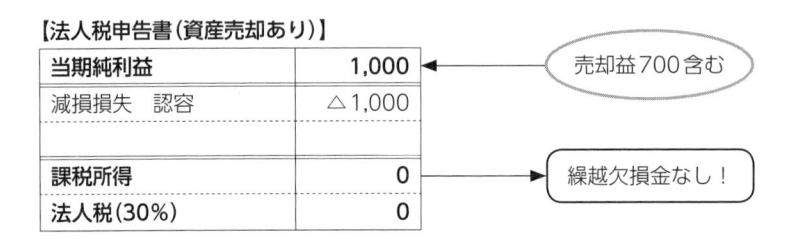

【法人税申告書（資産売却あり）】

当期純利益	1,000
減損損失　認容	△1,000
課税所得	0
法人税(30%)	0

→ 売却益700含む

→ 繰越欠損金なし！

　多額の有価証券売却益を計上すれば，普通は多額の法人税が課税されます。しかし，このケースでは減損損失の認容時期とぶつけたおかげで，これらが相殺し合って結局法人税はゼロになりました。また，将来使い切れるかわからない繰越欠損金も発生しませんでした。

　このように将来的な納税額を低く抑えられるように計画を立てることをタックスプランニングといいます。また，期限切れになりそうな繰越欠損金がある状況で，あえて資産の売却益を計上して繰越欠損金を使い切る計画を立てることもあります。

2 スケジューリングにおける扱い

　上記のようなタックスプランニングが存在する場合，これをスケジューリングに反映させるかどうかで，繰延税金資産の回収可能性の判定結果が大きく変わってきます。仮に，多額の含み益を抱えている不動産を2年後に売却する予定だとします。これをスケジューリングに反映できれば将来の見積課税所得が大幅に増えますので，回収可能となる繰延税金資産が大幅に増加する可能性があります。しかし，本当に2年後に売却するのか？　本当に多額の売却益が発生するのか？　という懸念があります。そこで，以下のとおり会社の5段階区分ごとに一定の条件を満たす場合に限り，スケジューリングに反映する（見積

課税所得に折り込む）ことができます。

◆スケジューリングへの反映と条件

会社区分	タックスプランニングの反映	条件	
		計画の実現性	金額の妥当性
区分①	十分な課税所得があり全額回収可能とされるので，そもそもタックスプランニングを検討する必要なし		
区分②	見積課税所得に折り込める	取締役会等の承認があり，かつ経済合理性があって実行可能	①契約等で確定 ②確定はしていない場合でも，期末時価又は１年以内の鑑定評価額等の公正な時価による
区分③	**概ね５年以内**の見積課税所得に折り込める	**概ね５年以内**での実行につき取締役会等の承認があり，かつ経済合理性があって実行可能	同上
区分④	**翌期**の見積課税所得に折り込める	取締役会等の承認や権限者の決裁があり，**実行が確実**	同上
区分④但書	区分③と同様	区分③と同様	同上
区分⑤	原則として折り込めない。しかし繰越欠損金を十分上回る含み益等がある場合は，右の条件を満たせば**翌期**の見積課税所得に折り込める	区分④と同様	同上

Q35

回収可能性の会社区分が区分③又は④但書と判定されたら，必ず5年内に解消可能な一時差異について繰延税金資産を計上することになるのですか？

Answer

「概ね5年以内」とされているだけで，必ず5年でないといけないわけではありません。

繰延税金資産を計上するには，監査委員会報告第66号に従って会社を5段階に区分する必要があります。ここで区分③又は④但書に区分された場合，概ね5年以内を限度としてスケジューリングを行った結果に基づいて計上された繰延税金資産は，回収可能として取り扱われます。したがって，通常は区分③又は④但書の会社では5年間のスケジューリングを行い，その結果回収可能と判断された一時差異に係る繰延税金資産を計上します。

そもそも区分③の会社とは，業績が不安定な会社を指します。また，区分④但書の会社とは，重要な税務上の繰越欠損金等は発生しているが，リストラ等の特別な事情によるものである会社を指します。これらの会社は基本的に業績が芳しくなく，不安定な会社です。区分②の会社ほど業績好調ではないので，スケジューリング期間を特に制限しないわけにはいかないでしょう。また，区分④の会社ほど業績が悪いわけでもないので，翌期だけ認めるというのも厳しすぎます。結果，「概ね5年以内」というルールになっていますが，これは厳密に5年と決めたものではありません。したがって，個々の会社の置かれた環境や業績次第では，5年ではなく3年などのより短い年数を採用する必要がある場合もありえます。

第4章 繰延税金資産の回収可能性の判定

Q36

どのようなときに回収可能性の見直しをするのですか？　また，その結果修正が発生した場合はどのように扱えばよいのですか？

― Answer ―

原則として決算期の都度見直しを行います。その結果発生した修正差額は，当期の法人税等調整額に計上します。

❶ 見直しのタイミング

繰延税金資産の回収可能性は，決算の都度見直しを行います。期末決算では当然毎回見直しを行わなければなりませんし，四半期決算においても見直しを行うのが原則です。ただし，四半期決算においてはスピードが求められることから，簡便的な取扱いも認められています。

◆四半期決算における簡便的な取扱い

簡便的な取扱い	条件
前期末における判定時に使用した，将来の業績予測やタックスプランニングを利用できる	①経営環境に著しい変化が生じていないこと ②一時差異等の発生状況について前年度から大きな変動がないこと

❷ 修正差額が発生した場合

回収可能性の見直しを行った結果，前期末に回収可能として計上していた繰延税金資産であっても，当期末は回収不能と判定されることもあります。逆に，前期末は回収不能として計上できなかった繰延税金資産であっても，当期末は回収可能と判定されることもあります。このような場合，仮に期末に存在する将来減算一時差異に変更がなくても，繰延税金資産の計上額は変わることになります。

前期末では全額回収可能と判定されていたのに，当期末は評価性引当額が発

生してしまったケースを見てみましょう。

1　前期末

◆繰延税金資産内訳

（一時差異等）	金額	繰延税金資産
減損損失	800	320
繰延税金資産　小計		320
評価性引当額		－
繰延税金資産　合計		320

◆貸借対照表　一部のみ

…	…
繰延税金資産	320
…	…

　繰延税金資産は全額回収可能と判定されているので、全額が貸借対照表に計上されています。

2　当期末

◆繰延税金資産内訳

（一時差異等）	金額	繰延税金資産
減損損失	800	320
繰延税金資産　小計		320
評価性引当額		△160
繰延税金資産　合計		160

　当期末における回収可能性の判定の結果、繰延税金資産の半分は回収不能と判定されました。その結果、前期末と一時差異そのものは何ら変わりないのですが、以下のとおり繰延税金資産を減額する仕訳を計上することになります。これにより、貸借対照表の繰延税金資産が160減額されるとともに、損益計算書に法人税等調整額（借方）160が計上されます。

第4章　繰延税金資産の回収可能性の判定

〈繰延税金資産の減額〉

(借方) 法人税等調整額　160　　(貸方) 繰延税金資産　160
　　　　　　↳ P/Lへ　　　　　　　　　　　　　↳ B/Sを減額

　回収可能性の見直しにより繰延税金資産が増額される場合は，これと逆の仕訳を計上します。

〈繰延税金資産の増額〉

(借方) 繰延税金資産　160　　(貸方) 法人税等調整額　160
　　　　　　↳ B/Sを増額　　　　　　　　　　　↳ P/Lへ

　一時差異には何ら変動がないにもかかわらず，回収可能性の判定結果が変わったというだけで，当期の損益とは本来関係のない法人税等調整額が損益計算書に計上されることになります。そしてこれは税率差異の原因となります。日本の会計基準では資産負債法を採用しており，繰延税金資産・負債の「資産性」「負債性」を重視しています。その結果，損益計算書にしわ寄せが行ってこのような現象が起きるのです。

Q37

回収可能性の判定が修正されるのは、具体的にどのようなケースですか？

Answer

将来の課税所得の見積りが変更されたケースや、会社の5段階区分が変更されたケースなどが考えられます。

繰延税金資産の回収可能性については、決算期ごとに見直しを行う必要があります。そこで過去の計上額の修正が生じることがあります。その代表的なケースとしては以下のものが挙げられます。

- ◎ 将来の見積課税所得が変更されたケース
- ◎ 会社の5段階区分が変更されたケース

以下では、これらの実例を解説していきます。

1 将来の見積課税所得が変更されたケース

繰延税金資産の回収可能性を判定するには、スケジューリングを行う必要があります。そこで、将来減算一時差異の解消額と見積課税所得を比較することで、十分な課税所得が見込めるのかどうかを判定します。ということは、将来の課税所得の見積り次第では、回収可能性の判定結果が変わる可能性があると言えます。以下では、前期末と当期末の一時差異は何も変更ない状態で、課税所得の見積りだけが変更されたケースを見てみましょう。会社区分は区分③（概ね5年間スケジューリング可能）と仮定しています。

第4章 繰延税金資産の回収可能性の判定

◆スケジューリング(前期末)

項目	当期末	+1期	+2期	+3期	+4期	+5期	長期	不能
見積課税所得 ①		200	300	300	400	400		
(将来減算一時差異)								
減損損失	800				800			
一時差異 合計②	800	0	0	0	800	0		
欠損金控除前所得 ③=①-②		200	300	300	△400	400		
繰越欠損金相殺 ④						400		
控除後所得③-④		200	300	300	△400	0		
繰越欠損金 残高					400			

　将来減算一時差異である減損損失800が+4期に認容されることが決定しています。+4期の見積課税所得は400なので繰越欠損金400が発生します。しかし，+5期の見積課税所得が400ありますので繰越欠損金が全額相殺されます。この結果，減損損失800に係る繰延税金資産320（法定実効税率40％）は全額回収可能とされ，貸借対照表に計上されます。

◆スケジューリング(当期末)

項目	当期末	+1期	+2期	+3期	+4期	+5期	長期	不能
見積課税所得 ①		100	150	150	200	200		
(将来減算一時差異)								
減損損失	800			800				
一時差異 合計②	800	0	0	800	0	0		
欠損金控除前所得 ③=①-②		100	150	△650	200	200		
繰越欠損金相殺 ④					200	200		
控除後所得③-④		100	150	△650	0	0		
繰越欠損金 残高				650	450	250		250

　前期末から1期進んでいるので，減損損失800は+3期に認容されます。また，この1年で会社の経営環境が悪化し，見積課税所得が引き下げられました。これにより+3期では繰越欠損金が650発生し，そのうち250は+5期までに相

殺しきれない見通しとなってしまいました。この結果，スケジューリング不能となった繰越欠損金250に係る繰延税金資産100は，減額することになります。

このケースとは逆に，会社の経営環境がよくなり見積課税所得が引き上げられた場合は，これまで回収不能とされていた繰延税金資産が回収可能と判定されることもありえます。

2 会社の5段階区分が変更されたケース

会社はスケジューリングを行ったら，自社が5段階区分のどこに該当するかに応じて繰延税金資産の計上額を決定します。ということは，スケジューリングの内容が同じでも，会社の経営環境が変化するなどして5段階区分が変更された場合，回収可能性の判定結果が変わる可能性があります。

◆スケジューリング（前期末）

項目	当期末	+1期	+2期	+3期	+4期	+5期	長期	不能
見積課税所得 ①		1,000	1,000	1,000	1,000	1,000		
(将来減算一時差異)								
減損損失	500							500
一時差異 合計②	500	0	0	0	0	0		500
差引①-②		1,000	1,000	1,000	1,000	1,000		

前期末においては検討の結果，区分②と判断していました。区分②の会社ではスケジューリング不能な一時差異は回収不能とされるので，減損損失500について繰延税金資産を計上できませんでした。

◆スケジューリング（当期末）

項目	当期末	+1期	+2期	+3期	+4期	+5期	長期	不能
見積課税所得 ①		1,000	1,000	1,000	1,000	1,000		
(将来減算一時差異)								
減損損失	500							500
一時差異 合計②	500	0	0	0	0	0		
差引①-②		1,000	1,000	1,000	1,000	1,000		

当期末においては検討の結果,会社区分を区分①に引き上げることになりました。区分①の会社ではスケジューリング不能な一時差異についても繰延税金資産を計上できます。したがって,減損損失500は相変わらずスケジューリング不能のままですが,これに対する繰延税金資産200を計上できることになります。

このケースとは逆に,検討の結果会社区分が引き下げられた場合は,これまで回収可能とされていた繰延税金資産が回収不能と判定されることもありえます。

Q38

回収可能性の判定が保守的すぎても問題になる場合があると聞きましたが、どういうことですか？

Answer

会計の目的は会社の実態を適切に決算書に表現することなので、過度に保守的なのはいけません。また、やり方次第では利益操作も可能なので、やはり問題があります。

1 過度の保守主義は認められない

　繰延税金資産の回収可能性を判定するに当たっては、非常に見積りの要素が多いです。中でも将来の課税所得の見積りと会社区分の判定は、特に見積りの要素が多いところです。また、ここでの見積り次第で最終的な繰延税金資産の計上額は大きく変わってきます。

　一般的な会社においては、繰延税金資産を「できるだけ多く計上したい」という思いの方が強いと思われます。多く計上できるほど、純資産は増加しますし当期純利益も増加します。このような会社においては、回収可能性の判定における様々な見積りが強気になる傾向があります。

　しかし、中には見積りが保守的な会社もあります。具体的には以下のような内容です。

　　◎　見積課税所得を通常予想される金額よりも少なく設定している
　　◎　会社区分をもっと上げてもよいほど業績好調なのに、そのままにしている

　このような会社では実態よりも繰延税金資産が少な目に計上されることになります。「強気すぎるよりはよいのでは？」という見方もありますが、「保守的ならば問題ない」という話でもありません。強気すぎても保守的すぎても、会社の実態を適切に表せていないことには変わらないので、過度の保守主義はやはり問題です。

❷ 利益操作に利用されるリスク

やり方次第では利益操作を行うことが可能という意味でも,保守的すぎるのは問題があると言えます。例えば,当期末の回収可能性の判定において,会社区分を区分②から区分①に引き上げてもよい状況の会社があるとします。しかし,この会社は当期の利益目標を達成していたので,あえて区分②のままにしました。スケジューリングの結果は以下のとおりです。

◆スケジューリング(当期末)

項目	当期末	+1期	+2期	+3期	+4期	+5期	長期	不能
見積課税所得 ①		1,000	1,000	1,000	1,000	1,000		
(将来減算一時差異)								
減損損失	500							500
一時差異 合計②	500	0	0	0	0	0		500
差引①-②		1,000	1,000	1,000	1,000	1,000		

会社区分を区分②と判断していますので,スケジューリング不能な減損損失500については繰延税金資産を計上できません。

翌期末になり相変わらず業績好調ではあるのですが,利益目標にはわずかに届かない状況になったとします。ここで満を持して「当社もそろそろ区分①に上げてもよいでしょう」と判断したらどうなるでしょうか。その途端,スケジューリング不能な減損損失500について,繰延税金資産200(法定実効税率40%と仮定)が計上されることになります。ということは,損益計算書には法人税等調整額(貸方)200が計上されるので,その分当期純利益が増加することになります。

このように,過度に保守的であるということはやり方次第では利益操作につながるリスクがありますので,やはり問題があります。

Q39 評価性引当額とは何ですか？

Answer

将来減算一時差異に対して計上される繰延税金資産のうち、回収可能性なしと判定された部分を「評価性引当額」として減額します。

繰延税金資産の額は、期末に存在する将来減算一時差異をすべて集計し、これに法定実効税率を乗じることで算定します。例えば以下のとおりです。

◆繰延税金資産

（一時差異等）	金額	繰延税金資産
減損損失	800	320
賞与引当金	200	80
繰延税金資産　合計		400 → B/Sへ

＊法定実効税率は40％と仮定

しかし実際には、単純にその全額が貸借対照表に計上されるとは限りません。会計基準が資産負債法を採用しているため、繰延税金資産は単なる損益の繰延勘定ではなく、きちんと資産性が問われることになります。ここでいう繰延税金資産の資産性とは、「回収可能」であることを意味します。また、回収可能とは「将来の課税所得を減額して税額を減らす効果があること」を意味します。このため、スケジューリングと会社区分の判断を行って実際に回収可能な繰延税金資産の額を算定し、初めて貸借対照表に計上することができるのです。このとき、回収可能性の判定において「回収不能」と判断された繰延税金資産があれば、すべての将来減算一時差異を集計して算定した満額の繰延税金資産から、これを減額する必要があります。このとき「評価性引当額」という名目で減額するのです。

先ほどの事例で回収不能な繰延税金資産がある場合、以下のようになります。

第4章　繰延税金資産の回収可能性の判定

◆スケジューリング

項目	当期末	＋1期	＋2期	＋3期	＋4期	＋5期	長期	不能
見積課税所得　①		200	200	300	300	300		
（将来減算一時差異）								
減損損失	800							800
賞与引当金	200	200						
一時差異　合計②	1,000	200	0	0	0	0		800
差引①－②		0	200	300	300	300		

　スケジューリングの結果は上表のとおりです。賞与引当金は＋1期に回収可能ですが，減損損失はスケジューリング不能です。会社区分を区分②と判断したとすると，賞与引当金200は回収可能ですが，スケジューリング不能な減損損失800は回収不能として扱います。したがって，将来減算一時差異は総額1,000なので繰延税金資産は総額400となりますが，このうち減損損失800に対する繰延税金資産320を，以下のように「評価性引当額」という名目で減額するのです。

◆繰延税金資産

（一時差異等）	金額	繰延税金資産
減損損失	800	320
賞与引当金	200	80
繰延税金資産　小計		400
評価性引当額		△320
繰延税金資産　合計		80 → B/Sへ

　「引当額」という名称が貸倒引当金などの「引当金」と似てはいますが，「評価性引当額」として貸借対照表に計上されるようなものではありません。

Q40

税務上の繰越欠損金がある会社は繰延税金資産の計上が制限されるのであれば、そもそも繰越欠損金に対して繰延税金資産を計上すること自体がおかしいのではないですか？

Answer

適切なスケジューリングの結果、繰越欠損金を課税所得と相殺できると判定されたのであれば、繰延税金資産を計上してもおかしくありません。

税務上の繰越欠損金には、繰越可能な期間内に課税所得が発生した場合に、これと相殺して課税所得を減少させ税額を減らす効果があります。したがって、将来減算一時差異と同様の効果を持つと言えますので、繰越欠損金についても繰延税金資産を計上することになっています。

それと同時に、繰越欠損金がある会社には、繰延税金資産の回収可能性の判定において一定の制限が加えられています。具体的には、以下のとおり重要な繰越欠損金がある会社は区分④又は⑤という低い区分に分類され、繰延税金資産の計上範囲は非常に限定的になります。

◆回収可能性の区分と取扱い

会社区分	内容	取扱い
④	業績が悪く重要な税務上の繰越欠損金等が発生している会社	スケジューリング可能年数：翌期のみ 長期差異：翌期に回収されるもののみ回収可能 不能差異：回収不能
	重要な税務上の繰越欠損金等は発生しているが、リストラ等の特別な事情によるものである会社	スケジューリング可能年数：概ね5年以内 長期差異：5年を超えても最終的に解消されると見込まれるものは回収可能 不能差異：回収不能
⑤	連続して重要な税務上の繰越欠損金を計上している、債務超過に陥っている、などの業績が非常に悪い会社	すべての繰延税金資産を回収不能として取り扱う

これは，期末に繰越欠損金がある会社は業績が芳しくないことが予想されるからです。「過去に欠損金を計上しているような会社だから業績は芳しくなく，将来的にも十分な課税所得を見込めるとは言い難いだろう」ということです。とすれば，そもそも繰越欠損金を繰延税金資産の計上対象とするのはおかしいのではないか？　とも思えます。

 しかし，区分④や⑤に分類される会社は「重要な」繰越欠損金がある会社ということに注意が必要です。どれほどを「重要な」と判断するかは難しい面がありますが，相当巨額な繰越欠損金を抱えているような会社であれば，確かに今後の業績を好調とは言いにくいでしょう。逆に繰越欠損金といってもそれほど大した金額でない会社なら，今後の業績は好調ということは十分ありえる話です。例えば以下のような会社です。

◆当期末に繰越欠損金がある場合

項目	当期末	＋1期	＋2期	＋3期	＋4期	＋5期	長期	不能
見積課税所得 ①		200	200	250	250	300		
(将来減算一時差異)								
賞与引当金	100	100						
一時差異　合計②	100	100	0	0	0	0		
欠損金控除前所得 ③＝①－②		100	200	250	250	300		
繰越欠損金相殺　④		100	100					
控除後所得③－④		0	100	250	250	300		
繰越欠損金　残高	200	100	0	0	0	0		

＊平成23年度税制改正により，繰越欠損金を課税所得と相殺するのは控除前課税所得の80％までしかできなくなりました（一部中小企業を除く）。上表ではわかりやすさを重視するため100％相殺していますが，今後はスケジューリングにおいても80％を上限とする必要があります。

 当期末において繰越欠損金200がありますが，2年で全額が課税所得と相殺されると予測しています。このような状況であれば，繰越欠損金について繰延税金資産を計上することに問題はありません。

 繰越欠損金を抱えている会社のすべてが，将来的に繰越欠損金を相殺できるか予測不能なほど業績不振というわけではありません。繰越欠損金を抱えてい

るけれど現在は業績好調，ないし現在回復中という会社はたくさんあります。そのような会社が繰越欠損金について繰延税金資産を計上するのは問題ありません。

第4章　繰延税金資産の回収可能性の判定

Q41

固定資産の減損損失についても，減価償却超過額と同様に回収可能性を考えてよいのですか？

Answer

減価償却超過額と同様に「解消が長期に渡る将来減算一時差異」として回収可能性を判定することはできません。

　会計上で固定資産の減損損失を計上した場合，通常は税務上の損金としては認められず，法人税申告書において加算されます。その後，将来において除売却又は減価償却によって減算が発生するので，将来減算一時差異に該当することになります。このとき，対象となった固定資産が土地などの非償却資産なのか，建物などの償却資産なのかで，回収可能性の判定における扱いは違ってきます。

❶ 非償却資産の場合

　土地などの非償却資産は，当然のことながら減価償却を行いません。したがって，減損損失を計上して将来減算一時差異が発生したとしても，その後の減価償却で徐々に解消していくわけではありません。除却又は売却という行為によって初めて，一時差異が解消することになります。

　ですので，非償却資産の減損損失に係る将来減算一時差異については，「将来の除売却計画が決定しているかどうか」でスケジューリングが決まります。計画が決定していればスケジューリング可能ですし，計画がなければスケジューリング不能です。

◆除売却による解消のイメージ

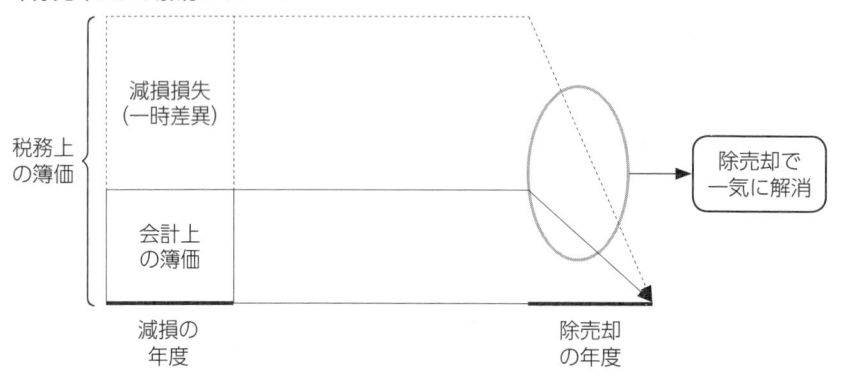

2 償却資産の場合

　建物や機械装置などの償却資産に対して減損損失を計上した場合，これによる将来減算一時差異は今後の減価償却を通じて徐々に解消することになります。もちろん除売却によっても解消するので，除売却の計画が決定している場合はそれを前提としてスケジューリングを行います。そのような計画がない場合は，今後の減価償却を通じて徐々に解消していきます。

◆減価償却による解消のイメージ

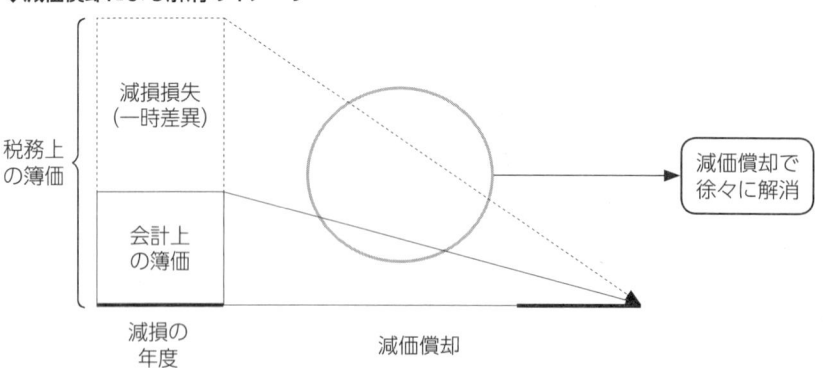

償却資産に対する減損損失は，税務上は減価償却超過額として捉えます。実際，法人税申告書で加算する際は「減価償却超過額」として記載します。とすれば，通常の減価償却超過額と同様に「解消が長期に渡る将来減算一時差異」として回収可能性を判定すればよいように思えます。

しかし，「その他有価証券の評価差額及び固定資産の減損損失に係る税効果会計の適用における監査上の取扱い（監査委員会報告第70号）」において，これは明確に否定されています。つまり，償却資産に対する減損損失による将来減算一時差異については，「解消が長期に渡る将来減算一時差異」としては扱わないということです。この理由としては，

◎ 減損損失は本質が減価償却とは異なる

◎ 臨時性が極めて高く，かつ，金額も巨額である可能性が高い

といったことが挙げられています。このような理由から，通常の減価償却超過額のような「いずれ解消するだろう」という簡便な取扱いは馴染まないのです。したがって，結局は詳細なスケジューリングを行った上で回収可能性を判定しなければなりません。

❸ 通常の減価償却超過額との違いが出る場面

繰延税金資産の回収可能性を行う際に，償却資産の「減損損失」と「通常の減価償却超過額」ではどのような違いが生じるのでしょうか。これは5段階の会社区分にわけて考える必要があります。

◆会社区分別の両者の回収可能性

区分	減価償却超過額	償却資産の減損損失
①	全額回収可能	全額回収可能
②	全額回収可能	年数はかかるがスケジューリングは可能であるため，全額回収可能
③	5年超の解消部分についても，最終的に解消されると見込まれるものは回収可能	概ね5年以内を限度としたスケジューリングの結果回収されるもののみ回収可能
④	スケジューリングの結果翌期に回収されるもののみ回収可能	スケジューリングの結果翌期に回収されるもののみ回収可能
④但書	5年超の解消部分についても，最終的に解消されると見込まれるものは回収可能	概ね5年以内を限度としたスケジューリングの結果回収されるもののみ回収可能
⑤	全額回収不能	全額回収不能

　区分③及び④但書においては，違いが生じています。減価償却超過額は5年を超えてスケジューリングされる部分についても，最終的に解消されると見込まれるなら回収可能と扱います。しかし，減損損失は5年超の部分については回収不能の扱いです。

第5章 四半期決算及び連結決算

Q42

四半期決算において認められている税効果会計の処理とは，どのような処理ですか？

Answer

四半期決算においても期末決算と同様の処理を行うのが原則ですが，四半期決算にはスピードが求められるため，部分的に簡便的な処理も認められています。

---

1 四半期決算の原則的な処理

四半期決算における税金費用は，原則として以下のとおり期末決算と同様に算定，計上されます。

◆四半期決算における原則的な処理

項目	原則的な処理
法人税等の算定	事業年度と同様に，四半期の純利益に加減算項目を調整した課税所得に税率を乗じて算定する。
税効果の算定	期末決算と同様に以下の手続を行い，繰延税金資産・負債の金額を算定する。 ①一時差異の集計 ②法定実効税率の算定 ③回収可能性の判定

原則としては，四半期決算といっても手続は期末決算と変わりません。また，その具体的な仕訳も期末決算と同様です。

〈法人税等の計上〉

| (借方)法 人 税 等 | 200 | (貸方)未 払 法 人 税 等 | 200 |

〈繰延税金資産・負債の計上〉

| (借方)繰 延 税 金 資 産 | 100 | (貸方)法 人 税 等 調 整 額 | 50 |
| | | 繰 延 税 金 負 債 | 50 |

＊前四半期に計上しているこれらの仕訳を戻し入れる仕訳も必要です。

2 四半期決算における簡便的な処理

　四半期決算の開示にはスピードが求められます。上記の原則的な処理を徹底すると，四半期決算の都度，期末決算と同じ作業を必ず行わなければならなくなり非常に煩雑です。そこで，四半期決算の税効果会計においては，期末決算と比べて簡便的な方法がいくつか認められています。

1　年間見積実効税率を用いる場合

　この方法では，法人税等と法人税等調整額を別々に算定するのではなく，まとめて算定してしまいます。つまり，税効果会計適用後の法人税等の合計額を直接算定してしまうのです。

　まずは1年間の「税引前当期純利益」と税効果会計適用後の「法人税等の合計額」を見積もり，その税率（見積実効税率）が何％になるかを見積もります。ここで算定された見積実効税率を四半期の税引前純利益に乗じることで，四半期における税効果会計適用後の法人税等の合計額を直接算定します。

$$\frac{1年間の税効果会計適用後の法人税等の額（予想）}{1年間の税引前当期純利益（予想）} = 見積実効税率$$

四半期の税引前純利益 × **見積実効税率** ＝ 四半期の法人税等（税効果適用後）

税効果会計を適用する場合，通常は損益計算書には「法人税等」と「法人税等調整額」が別々に計上されます。そしてその合計額が，税引前純利益と適切に対応することになります。しかし，この方法では以下の仕訳のとおり，まとめて「法人税等」として計上されることになります。

〈前四半期の仕訳の戻入〉

| (借方) 未 払 法 人 税 等 | 200 | (貸方) 法 人 税 等 | 200 |

〈当四半期の仕訳の計上〉

| (借方) 法 人 税 等 | 300 | (貸方) 未 払 法 人 税 等 | 300 |

2 期末決算と同様に法人税等を計上する場合

四半期の法人税等を，期末決算と同様に算定して計上する場合は，これとは別に税効果会計の仕訳を計上する必要が生じます。このとき，原則的には税効果会計についても期末決算と同様の手続を行うことになるのですが，下記のとおり部分的に簡便的な取扱いが認められています。

項目	簡便的な取扱い	条件
一時差異	重要な差異だけに限定して計算できる	財務諸表利用者の判断を誤らせないこと
回収可能性の判定	前期末における判定時に使用した，将来の業績予測やタックスプランニングを利用できる	①経営環境に著しい変化が生じていないこと ②一時差異等の発生状況について前年度から大きな変動がないこと

この取扱いにより，期末決算と比べると簡便的に四半期末に計上すべき繰延税金資産・負債の残高を算定することができます。ただし，繰延税金資産・負債を簡便的に算定できるだけであって，仕訳は期末決算と同様の仕訳を計上する必要があります。

〈法人税等の計上〉

| （借方）法　人　税　等 | 200 | （貸方）未 払 法 人 税 等 | 200 |

〈繰延税金資産・負債の計上〉

| （借方）繰 延 税 金 資 産 | 100 | （貸方）法 人 税 等 調 整 額 | 50 |
| | | 　　　　繰 延 税 金 負 債 | 50 |

＊前四半期に計上しているこれらの仕訳を戻し入れる仕訳も必要です。

Q43

四半期特有の「年間見積実効税率」を用いた会計処理とは，どのような処理ですか？

Answer

1年間の税効果会計適用後の実効税率を見積もって，これを四半期の税引前純利益に乗じて，税効果会計適用後の法人税等の合計額を直接算定する処理です。

通常は，法人税等の算定と税効果会計の算定は別々に行います。また仕訳も別々に計上します。四半期決算においてもこれが原則です。しかし，四半期決算においてはこのような手続を行わない，簡便的な処理方法が認められています。それが「年間見積実効税率」を用いる方法です。この方法では，法人税等と法人税等調整額を別々に算定するのではなくまとめて算定してしまいます。つまり，税効果会計適用後の法人税等の合計額を直接算定してしまうのです。

❶ 見積実効税率の算定

まずは1年間の「予想年間税引前当期純利益」と，税効果会計適用後の法人税等の合計額である「予想年間税金費用」を見積もり，その税率（見積実効税率）が何％になるかを見積もります。それぞれの算定式は以下のとおりです。

```
予想年間税金費用　＝
    （予想年間税引前当期純利益　±　一時差異等に該当しない差異）
    ×　法定実効税率　－　税額控除

年間見積実効税率　＝　　予想年間税金費用
                    ─────────────────
                    予想年間税引前当期純利益
```

実例で具体的な計算を確認してみましょう。各見積額は以下のとおりとします。

▶年間の税引前当期純利益の見積額1,000
▶一時差異等に該当しない差異（交際費等）の見積額100
▶税額控除の見積額70
▶法定実効税率40%

予想年間税金費用 ＝
　（予想年間税引前当期純利益1,000 ＋ 一時差異等に該当しない差異100）
　×法定実効税率40% － 税額控除70 ＝ 370

年間見積実効税率 ＝ $\dfrac{予想年間税金費用370}{予想年間税引前当期純利益1,000}$ ＝ 37%

上記のとおり，ここでの年間見積実効税率は37%と算定されました。

❷ 四半期の税金費用の算定

見積実効税率を四半期の税引前純利益に乗じることで，四半期における税効果会計適用後の税金費用（法人税等の合計額）を直接算定します。算定式は以下のとおりです。

四半期の税金費用(税効果適用後) ＝ 四半期の税引前純利益 × 見積実効税率

先ほどの事例において，当四半期末の税引前純利益は300であったとすると，

四半期の税金費用（税効果適用後） ＝
　　　四半期の税引前純利益300 × 見積実効税率37% ＝ 111

このように，四半期の税金費用は法人税等と法人税等調整額をまとめた金額として，111と算定されました。したがって，計上すべき仕訳と最終的な四半期の損益計算書は次頁のとおりです。

〈税金費用の計上〉

| (借方) 法 人 税 等 | 111 | (貸方) 未 払 法 人 税 等 | 111 |

【損益計算書（税効果適用後）】

税引前四半期純利益	300
法人税等	111
四半期純利益	189

　ここで計上されている法人税等には，税効果会計による金額も含まれていることになります。法人税等調整額が個別に記載されませんので，税効果部分を個別に把握することは，この損益計算書からではできません。

❸ 年間見積実効税率を使用できない場合

　年間見積実効税率を使用すると，原則的な処理を行った場合と結果が大きく異なり，著しく合理性を欠くと考えられる場合には，見積実効税率は使用できません。具体的には以下のような場合です。

　◎　予想年間税引前当期純利益がゼロ又はマイナスになる場合
　◎　予想年間税金費用がゼロ又はマイナスになる場合
　◎　四半期の累計損益とその後の期間の損益が相殺され，一時差異等に該当しない差異が及ぼす影響が相対的に著しく重要になると考えられる場合

Q44

四半期決算において、繰延税金資産の回収可能性の判定はどのように行えばよいのですか？

── Answer ──

原則として期末決算と同様の手続を行います。しかし，一定の条件を満たせば簡便的な扱いも認められています。

❶ 原則的な手続

　四半期決算において繰延税金資産を計上する場合でも，その回収可能性の判定は期末決算と同様の手続を踏むのが原則です。つまり，将来減算一時差異，将来加算一時差異，課税所得（タックスプランニング含む）のスケジュールを見積もり，これらを合算して将来減算一時差異を吸収できるかどうかを検討します。また，監査委員会報告第66号に規定される5段階の会社区分に応じて，最終的な繰延税金資産の計上額を算定します。

◆四半期における回収可能性の判定

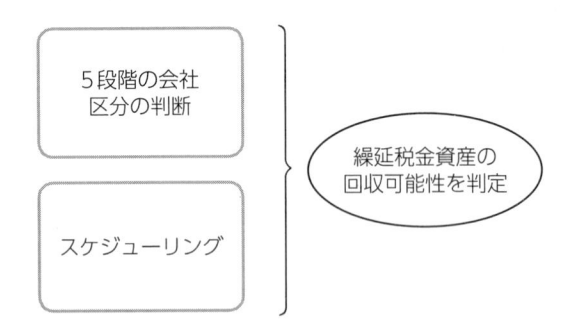

```
┌─────────────┐
│ 5段階の会社 │ ┐
│ 区分の判断  │ │    ┌──────────────┐
└─────────────┘ ├──→│ 繰延税金資産の │
┌─────────────┐ │    │ 回収可能性を判定 │
│スケジューリング│ ┘    └──────────────┘
└─────────────┘
```

　したがって，期末決算における手続と同じ手続を四半期決算でも行うことになります。

❷ 簡便的な手続

　しかし，四半期決算のたびに回収可能性の判定手続を一から全部行うことは，実務上非常に煩雑です。スピードが求められる四半期決算においては，許容される範囲内において簡便的な手続を容認する必要があると言えます。
　そこで，四半期決算においては簡便的な手続が認められており，前期末の決算において回収可能性の判定に用いた，業績予測やタックスプランニングをそのまま利用することができます。
　ただし，そのためには以下の条件を満たす必要があります。

①　経営環境に著しい変化がないこと！
②　一時差異等の発生状況について前年度から大きな変動がないこと！

　経営環境の著しい変化とは，監査委員会報告第66号の5段階の会社区分を変更することになるほどの大きな変化を指します。これほどの大きな変化が生じているにもかかわらず，前期末の予測をそのまま利用しても，実態と合わないのは明白です。したがって，このような大きな変化がない状況下でないと，簡便的な手続を採用することはできません。
　回収可能性の判定において，一時差異のスケジューリングは担当者にとって手間のかかる手続です。しかし，会計基準において四半期決算における一時差異のスケジューリングについては，簡便的な手続は明示されていません。したがって，原則的には期末決算と同様のスケジューリングが求められることになります。
　しかし，上記の条件を満たすような大きな変化が生じていない会社においては，必ずしも原則的な手続を厳守しなくとも，より柔軟な取扱いを採用することも可能と考えます。ただし，この場合は監査法人等と十分に協議を行い，本当にその手続で問題ないか検討する必要があります。

Q45

税率が変わった場合，四半期決算においてはどのような対応が必要なのですか？

= Answer =

原則的な処理をしている場合は，税率変更後の法定実効税率を適用する必要があります。年間見積実効税率を用いている場合は，予想年間税金費用の算定方法が変わります。

1 原則的な処理の場合

四半期決算においても，税効果会計の考え方は原則として期末決算と変わりはなく，以下の手続が必要です。

① 対象となる一時差異の集計
② 法定実効税率の算定
③ 一時差異に法定実効税率を乗じて繰延税金資産・負債を算定
④ 回収可能性を判定して最終的な計上額を確定

日本の会計基準では資産負債法を採用しており，繰延税金資産・負債の将来的な回収額・支払額を算定することが求められます。したがって，期中に税率の変更が決まり期末日以後に適用開始となる場合でも，当期末に用いる法定実効税率は変更後の税率に基づいて算定する必要があります（期末日時点で改正税法が公布されている場合）。

このことは四半期決算でも同じです。四半期会計期間中に税率の変更があった場合，四半期決算において用いる法定実効税率を，変更後の税率に基づいて算定する必要があります。四半期末時点で変更税率が適用開始になっている場合は当然として，四半期末以後に適用開始される場合も同様です。

❷ 簡便法を採用している場合

　四半期決算においてはスピードが求められることから，上記のような原則的な処理を行わない，簡便的な処理方法が認められています。それが「年間見積実効税率」を用いる方法です。この方法では，法人税等と法人税等調整額を別々に算定するのではなく，まとめて算定してしまいます。つまり，税効果会計適用後の法人税等の合計額を直接算定してしまうのです。

　その計算方法としては，1年間の税効果会計適用後の法人税等の合計額である「予想年間税金費用」を，「予想年間税引前当期純利益」で除することで，1年間の実質的な税率（見積実効税率）が何％になるかを算定します。

$$\text{年間見積実効税率} = \frac{\text{予想年間税金費用}}{\text{予想年間税引前当期純利益}}$$

　この大きな仕組みは，税率変更があった場合でも変わりはありません。しかし，原則的な処理では法定実効税率に税率変更を反映させるのですから，簡便法といえども何らかの方法で税率変更を反映させる必要があります。そこで，税率変更があった場合（適用開始は翌期以後）は，以下のとおり予想年間税金費用を通常とは違う計算式で算定することになります。

〈通常の計算式（税率変更がない場合）〉

```
予想年間税金費用 ＝
    （予想年間税引前当期純利益　±　一時差異等に該当しない差異）
    ×　法定実効税率　－　税額控除
```

〈税率変更があった場合の計算式〉

予想年間税金費用 ＝ **予想年間納付税額** ＋ **予想年間法人税等調整額**

予想年間納付税額 ＝
　　（予想年間税引前当期純利益 ＋ 一時差異の予想年間増減額
　　± 一時差異等に該当しない差異）× 納付税率 － 税額控除

予想年間法人税等調整額 ＝
　　一時差異の予想年間増減額 × 税率変更前の法定実効税率
　　＋ 年度末に予想される一時差異に係る税率変更の影響額

1　計算例－年間見積実効税率の算定

実例で具体的な計算を確認してみましょう。各見積額は以下のとおりとします。

▶年間の税引前当期純利益の見積額1,000

▶一時差異の年間増減額の見積額　将来減算一時差異が200から500に増加

▶一時差異等に該当しない差異（交際費等）の見積額100

▶税額控除の見積額70

▶納付税率46％

▶税率変更前の法定実効税率42％

▶税率変更後の法定実効税率38％

予想年間納付税額 ＝
　　（予想年間税引前当期純利益1,000 ＋ 一時差異の予想年間増減額300
　　＋一時差異等に該当しない差異100）　×　納付税率46％　－　税額控除70
　　＝　574

予想年間法人税等調整額 ＝
　　一時差異の予想年間増減額300　×　税率変更前の法定実効税率42％
　　＋　年度末に予想される一時差異に係る税率変更の影響額△20 ＊

= 106（貸方）

* 年度末の一時差異500×（変更後法定実効税率38％ − 変更前法定実効税率42％）

予想年間税金費用 ＝
　　　　予想年間納付税額 574　＋　**予想年間法人税等調整額** △106
　　　　＝ 468

年間見積実効税率　＝　$\dfrac{予想年間税金費用468}{予想年間税引前当期純利益1,000}$　＝　$\boxed{46.8\%}$

上記のとおり，ここでの年間見積実効税率は46.8％と算定されました。

2　計算例－四半期の税金費用の算定

見積実効税率を四半期の税引前純利益に乗じることで，四半期における税効果会計適用後の税金費用（法人税等の合計額）を直接算定します。算定式は以下のとおりです。

四半期の税金費用（税効果適用後）＝ 四半期の税引前純利益 × 見積実効税率

先ほどの事例において，当四半期末の税引前当期純利益は300であったとすると，

四半期の税金費用（税効果適用後）＝
　　　　四半期の税引前純利益300　×　見積実効税率46.8％　＝　$\boxed{140}$

このように，四半期の税金費用は法人税等と法人税等調整額をまとめた金額として，140と算定されました。したがって，計上すべき仕訳と最終的な四半期の損益計算書は次頁のとおりです。

〈税金費用の計上〉

(借方) 法 人 税 等 140 (貸方) 未 払 法 人 税 等 140

【損益計算書(税効果適用後)】

税引前四半期純利益	300
法人税等	140
四半期純利益	160

Q46

連結決算特有の税効果会計とはどのようなものですか？ また，なぜ必要なのですか？

Answer

連結修正仕訳を計上することで，連結貸借対照表上の利益剰余金と，個別貸借対照表上の利益剰余金の合算額との間にズレが生じます。このズレに係る法人税等の金額を調整するのが連結決算特有の税効果です。

❶ 連結決算特有の税効果とは

　個別財務諸表における税効果は，基本的には税務申告における加減算項目によって会計上の資産・負債と税務上の資産・負債にズレが生じるため，これを調整するために行われる処理です。また，理解しやすく繰延法の考え方でいうと，加減算項目によって生じた会計と税務のズレのため，会計上の税引前当期純利益と法人税等が適切に期間対応しなくなることを調整する処理です。しかし，連結財務諸表を基礎として税金申告を行うのではないので，連結上の純利益に対する申告調整項目があるわけではありません。では，連結決算特有の税効果とはどのようなものなのでしょうか。

　連結財務諸表は，親会社と連結子会社の単体財務諸表を持ち寄って合算し，それに必要な連結修正仕訳を計上していくことで作成します。その連結修正仕訳の中には，当期純利益や純資産の額を変動させるものもあれば，変動させないものもあります。債権債務を相殺消去しただけでは当期純利益や純資産は変動しません。しかし，棚卸資産の未実現損益を消去すると当期純利益も純資産も変動します。

　連結上の当期純利益や純資産を変動させる連結修正仕訳を計上した場合，当然，個別財務諸表上の当期純利益や純資産の合算額とはズレが生じることにな

ります。このズレに係る法人税等の金額を調整するのが，連結決算特有の税効果です。

2 連結決算特有の税効果のイメージ

親会社と子会社1社の連結事例を見てみましょう。ここでは，連結修正仕訳として以下の棚卸資産の未実現損益の消去仕訳を計上しています。親会社が子会社に販売した棚卸資産の一部が子会社に残っているため，その利益部分を消去しています。

(借方) 売　上　原　価　　100　　(貸方) 棚　卸　資　産　　100

この結果，貸借対照表と損益計算書の連結状況は以下のとおりになりました。

【連結貸借対照表(税効果適用前)】

	親会社	子会社	単純合算	連結修正仕訳	連結B/S
(資産の部)					
棚卸資産	300	200	500	△100	400
…					
～～～～～～～					
(純資産の部)					
資本金	500	250	750		750
資本剰余金	500	250	750		750
利益剰余金	1,000	500	1,500	△100	1,400
純資産合計	2,000	1,000	3,000	△100	2,900

＊投資と資本の相殺消去仕訳は省略しています。

第5章 四半期決算及び連結決算

【連結損益計算書(税効果適用前)】

	親会社	子会社	単純合算	連結修正仕訳	連結P/L
売上高	1,000	500	1,500		1,500
売上原価	800	400	1,200	100	1,300
費用合計	800	400	1,200	100	1,300
税金等調整前当期純利益	200	100	300	△100	200
法人税等	80	40	120		120
当期純利益	120	60	180	△100	80

　親会社にとっては，今回の未実現損益の消去仕訳の対象となった棚卸資産は，既に売れたものです。単体決算においては当然に売上高と売上原価が計上され，その差額として利益が計上されています。またこの利益は税務上の課税所得となりますので，親会社はこれに対する法人税等を単体決算において計上しています。

　となると上表の連結P/Lにおいては，未実現損益は消去したのでその分税金等調整前当期純利益は減っていますが，消去した損益に対応する法人税等は親会社のP/Lを通じて取り込まれたままです。そのため，税金等調整前当期純利益と法人税等は適切に対応しなくなっています。税金等調整前当期純利益が200なので，実効税率が40％であれば本来なら法人税等は80程度であるはずなのに，120も計上されています。そしてこのズレは，翌期以降にその棚卸資産が外部に売却されたときに解消します。当期に消去仕訳の対象となった棚卸資産が，翌期にすべて子会社から外部に販売されたとしましょう。このとき，当期において消去した未実現損益が実現することになりますので，以下の連結修正仕訳を計上します。

(借方) 期首利益剰余金　　100　　(貸方) 売　上　原　価　　100

(翌期)
【連結損益計算書(税効果適用前)】

	親会社	子会社	単純合算	連結修正仕訳	連結P/L
売上高	1,000	500	1,500		1,500
売上原価	800	400	1,200	△100	1,100
費用合計	800	400	1,200	△100	1,100
税金等調整前当期純利益	200	100	300	100	400
法人税等	80	40	120		120
当期純利益	120	60	180	100	280

　今度は税引前当期純利益400に対して法人税等は120と，過少な法人税等が計上されています。しかし，当期と翌期を合算して考えると，税金等調整前当期純利益600に対して法人税等は240となり，実効税率40％に合致します。ということは，利益と税金が期ズレしている，すなわち一時差異が発生していたことになるのです。

　これを調整するために，未実現損益の消去額を一時差異と捉え，当期において以下の税効果仕訳を計上します。

(借方) 繰 延 税 金 資 産	40	(貸方) 法 人 税 等 調 整 額	40

＊未実現損益100×法定実効税率40％

　この結果，当期の貸借対照表と損益計算書の連結状況は次頁のとおりになりました。

(当期)
【連結貸借対照表(税効果適用後)】

	親会社	子会社	単純合算	連結修正仕訳	連結B/S
(資産の部)					
棚卸資産	300	200	500	△100	400
繰延税金資産	—	—	—	40	40
…					
~~					
(純資産の部)					
資本金	500	250	750		750
資本剰余金	500	250	750		750
利益剰余金	1,000	500	1,500	△60	1,440
純資産合計	2,000	1,000	3,000	△60	2,940

＊投資と資本の相殺消去仕訳は省略しています。

【連結損益計算書(税効果適用後)】

	親会社	子会社	単純合算	連結修正仕訳	連結P/L
売上高	1,000	500	1,500		1,500
売上原価	800	400	1,200	100	1,300
費用合計	800	400	1,200	100	1,300
税金等調整前当期純利益	200	100	300	△100	200
法人税等	80	40	120		120
法人税等調整額	—	—	—	△40	△40
法人税等合計	80	40	120	△40	80
当期純利益	120	60	180	△60	120

　この結果，最終的に税金等調整前当期純利益200に対して法人税等合計は80となり，適切に対応させることができました。また，連結B/S上の純資産も適切な額に調整されました。

Q47

連結決算特有の一時差異には，具体的にどのようなものがありますか？

Answer

子会社の資産・負債の時価評価，未実現損益の消去，債権債務の相殺消去に伴う貸倒引当金の減額修正，会計方針の統一などから，連結決算特有の一時差異が発生します。

連結決算特有の一時差異とは，連結修正仕訳によって生じる一時差異です。具体的には以下のようなものがあります。

1　子会社の資産・負債の時価評価

投資と資本の相殺消去手続において，子会社の資産と負債は時価評価されます。このときに評価差額が出ると，個別合算上の資産・負債と連結上の資産・負債にズレが発生します。そしてこのズレは対象となった資産が売却等によってなくなったときに解消します。したがって一時差異に該当します。

2　未実現損益の消去

連結グループ間で取引された棚卸資産が期末日にまだ外部に売却されていない場合などは，未実現損益を消去する必要があります。このとき個別合算上の資産・負債と連結上の資産・負債にズレが発生します。そしてこのズレは，対象となった資産が外部に売却されるなどしてなくなったときに解消します。したがって一時差異に該当します。

3　貸倒引当金の減額修正

連結グループ間の債権・債務がある場合は，これを相殺消去します。またこの債権に単体決算上，貸倒引当金が計上されている場合は，これを減額する必

要があります。このときに個別合算上の貸倒引当金と連結上の貸倒引当金にズレが発生します。そしてこのズレは対象となった債権が回収されるなどしてなくなったときに解消します。したがって一時差異に該当します。

4　会計方針の統一

　連結決算上，原則として連結対象会社の会計方針は統一する必要があります。この会計方針統一のための修正仕訳を，単体決算ではなく連結決算上で計上した場合に，個別合算上の資産・負債と連結上の資産・負債にズレが発生します。

Q48

連結子会社の時価評価をするときに，なぜ税効果会計を適用する必要があるのですか？

— Answer

子会社の資産と負債を時価評価して評価差額が出ると，個別合算上の資産・負債と連結上の資産・負債にズレが発生します。このため税効果会計の対象となります。

❶ 評価差額発生時の処理

資本連結手続において投資と資本の相殺消去を行う際に，支配獲得時の時価で子会社の資産・負債を評価する必要があります。仮に以下のとおり子会社の有する土地を時価評価した結果，含み益が生じていた場合は以下の連結仕訳を計上します。

◆支配獲得時の子会社の土地価額

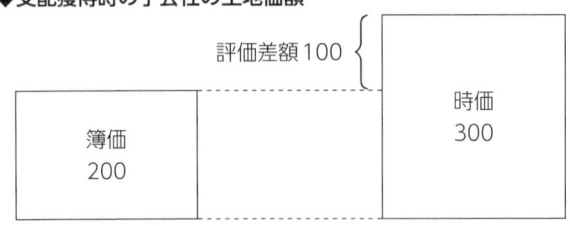

```
                  評価差額100
        ┌──────┐┌──────┐
        │      ││ 時価  │
        │ 簿価 ││ 300  │
        │ 200  ││      │
        └──────┘└──────┘
```

(借方) 土　　　地　　100　(貸方) 評　価　差　額　　100

この評価差額は子会社の純資産に当たり，個別合算上の資産と連結上の資産にズレが発生します。そしてこのズレは，対象となった資産が売却等によってなくなったときに解消します。したがって一時差異に該当しますので，税効果会計の対象となります。

しかし,ここで注意が必要なのは,評価差額は純資産であり損益項目ではないので,繰延税金資産・負債の相手勘定は法人税等調整額ではないということです。法定実効税率40%として,上記の連結仕訳に税効果を反映させると以下のとおりです。

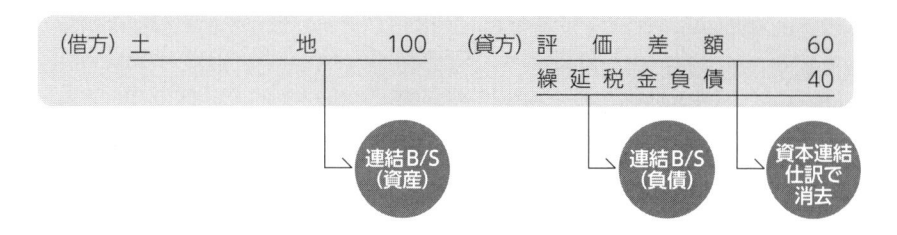

(借方) 土　　　　　地	100	(貸方) 評　価　差　額	60
		繰 延 税 金 負 債	40

土地 → 連結B/S（資産）
評価差額 → 連結B/S（負債）※繰延税金負債
→ 資本連結仕訳で消去

この結果,当期の連結B/Sの「土地」が100増額され,繰延税金負債が40増額されます。しかし,連結P/Lには影響しません。

❷ 評価差額解消時の処理

先ほどの評価差額が発生した子会社の土地が,翌期において売却されてなくなったとします。このとき子会社の単体決算においては,以下の土地売却仕訳が計上されています。

(借方) 現　預　金	300	(貸方) 土　　　　　地	200
		土 地 売 却 益	100

しかし,連結上ではこの土地の簿価は200から300に増額されていますので,連結決算上では土地売却益は出ないことになります。この連結修正を,仮に税効果を考慮せずに行ったらどうなるでしょうか。まず,土地を増額する連結仕訳を計上します。

(借方) 土　　　　　地	100	(貸方) 評　価　差　額	100

次に土地売却損益を調整する連結仕訳を計上します。

| (借方) 土 地 売 却 益 | 100 | (貸方) 土　　　　地 | 100 |

　この2つの連結調整仕訳を計上することにより，結果的に連結決算上の土地簿価が300となり，かつこれの連結上の売却仕訳として以下の仕訳を計上したのと等しくなります。

〈連結上のあるべき土地売却仕訳〉

| (借方) 現　預　金 | 300 | (貸方) 土　　　　地 | 300 |
| | | 土 地 売 却 益 | 0 |

　そして，この結果連結P/Lは以下のとおりになります。

【連結損益計算書（税効果適用前）】

	親会社	子会社	単純合算	連結修正仕訳	連結P/L
売上高	1,000	500	1,500		1,500
売上原価	800	400	1,200		1,200
費用合計	800	400	1,200		1,200
経常利益	200	100	300		300
土地売却益		100	100	△100	－
税金等調整前当期純利益	200	200	400	△100	300
法人税等	80	80	160		160
当期純利益	120	120	240	△100	140

　子会社の単体決算では土地売却益100が当然計上されており，これに対する法人税等（実効税率40％）も発生しています。しかし，連結修正仕訳によって土地売却益が100減少しています。したがって，連結上の税金等調整前当期純利益は100減少したものの，法人税等は単体決算の単純合算のままであり，ズレが生じています。この結果，税金等調整前当期純利益300からすると過大な，法人税等160が計上されてしまっています。

－ 158 －

ではここで，税効果を考慮してみるとどうなるでしょうか。まず，土地の時価評価をする連結仕訳に税効果を考慮すると以下のとおりになります。

| (借方) 土　　　　地 | 100 | (貸方) 評　価　差　額 | 60 |
| | | 繰　延　税　金　負　債 | 40 |

次に土地売却損益を調整する連結仕訳に税効果を考慮すると，先ほどの繰延税金負債を取り崩すことになるので以下のとおりになります。

| (借方) 土　地　売　却　益 | 100 | (貸方) 土　　　　地 | 100 |
| 繰　延　税　金　負　債 | 40 | 法　人　税　等　調　整　額 | 40 |

税効果を考慮した場合の連結P/Lは以下のとおりになります。

【連結損益計算書(税効果適用後)】

	親会社	子会社	単純合算	連結修正仕訳	連結P/L
売上高	1,000	500	1,500		1,500
売上原価	800	400	1,200		1,200
費用合計	800	400	1,200		1,200
経常利益	200	100	300		300
土地売却益		100	100	△100	―
税金等調整前当期純利益	200	200	400	△100	300
法人税等	80	80	160		160
法人税等調整額	―	―	―	△40	△40
法人税等合計	80	80	160	△40	120
当期純利益	120	120	240	△60	180

この結果，最終的に税金等調整前当期純利益300に対して法人税等合計は120となり，適切に対応させることができました。

Q49

未実現損益を消去するときに、なぜ税効果会計を適用する必要があるのですか？

Answer

棚卸資産や固定資産などの未実現損益を消去すると、個別合算上の資産・負債と連結上の資産・負債にズレが発生します。このため税効果会計の対象となります。

1 未実現損益発生時の処理

親会社が外部から仕入れた商品を子会社に販売し、最終的に子会社が外部の得意先に販売するような取引の流れはよくあります。当然、親会社は子会社に販売した時点で売上高と売上原価を計上しますし、子会社は外部の得意先に売却した時点で計上します。仮に、親会社が仕入先から800で仕入れて子会社に900で販売し、子会社は得意先に1,000で販売したとします。

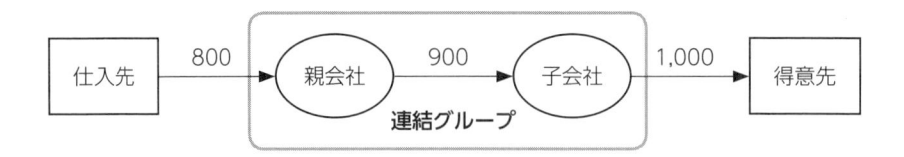

```
仕入先 ──800──▶ 親会社 ──900──▶ 子会社 ──1,000──▶ 得意先
                    └─── 連結グループ ───┘
```

単体決算では親会社と子会社で100ずつ利益が計上されます。しかし、連結グループを一体として見た場合、仕入先から800で仕入れて得意先に1,000で販売したことになるので、200の利益です。

では、ここで期末時点において子会社から得意先への販売が終わっていないケースを考えてみます。

第5章 四半期決算及び連結決算

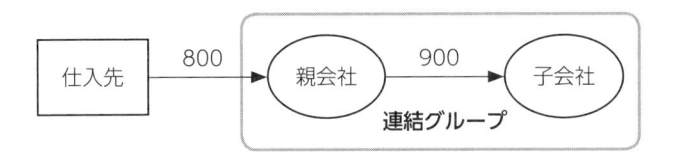

```
仕入先 ──800──▶ 親会社 ──900──▶ 子会社
                    連結グループ
```

　親会社では利益100を既に計上していますが，子会社では期末時点では棚卸資産に残ったままです。これを連結グループとして見た場合，仕入先から800で仕入れて棚卸資産に残っているだけであり，まだ利益が計上されるはずのない状況です。ということは，親会社で計上されてしまっている利益を消去するとともに，900になっている棚卸資産を800に修正する必要があります。そこで，以下の連結仕訳を計上します。

| (借方) 売　上　原　価　　100 | (貸方) 棚　卸　資　産　　100 |

　これにより，個別合算上の資産と連結上の資産にズレが発生します。そしてこのズレは，対象となった資産が販売されてなくなったときに解消します。したがって一時差異に該当しますので，税効果会計の対象となります。法定実効税率40％として，上記の連結仕訳に税効果を反映させると以下のとおりです。

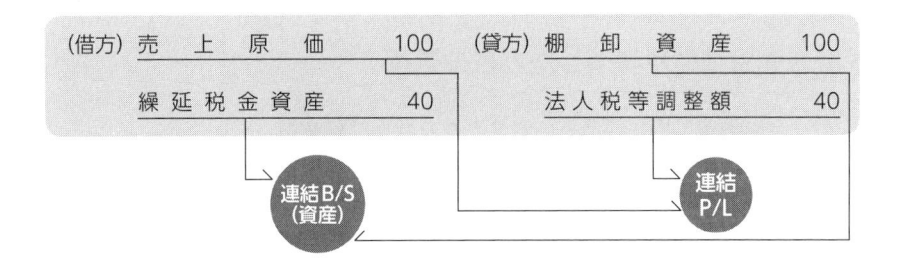

| (借方) 売　上　原　価　　100 | (貸方) 棚　卸　資　産　　100 |
| 　　　 繰 延 税 金 資 産　 40 | 　　　 法 人 税 等 調 整 額　40 |

　　　　　　　　　連結B/S　　　　　　　連結
　　　　　　　　　(資産)　　　　　　　 P/L

－ 161 －

【連結損益計算書(税効果適用後)】

	親会社	子会社	単純合算	連結修正仕訳	連結P/L
売上高	1,000	500	1,500		1,500
売上原価	800	400	1,200	100	1,300
費用合計	800	400	1,200	100	1,300
税金等調整前当期純利益	200	100	300	△100	200
法人税等	80	40	120		120
法人税等調整額	—	—	—	△40	△40
法人税等合計	80	40	120	△40	80
当期純利益	120	60	180	△60	120

　仮に税効果を反映させず法人税等調整額が発生していなければ，税金等調整前当期純利益200に対して法人税等120が計上され，当期純利益は80となります。これは，未実現利益100は消去したのでその分税金等調整前当期純利益は減っているのに，消去した損益に対応する法人税等40は，親会社のP/Lを通じて取り込まれたままだからです。そのため，税金等調整前当期純利益と法人税等は適切に対応しなくなっています。そこで税効果を反映してやることで，法人税等合計は税金等調整前当期純利益の40％に該当する80となり，適切に対応するようになります。

❷ 未実現損益が解消したときの処理

　先ほどの未実現損益の消去の対象となった棚卸資産が，翌期において販売されてなくなったとします。このとき翌期の子会社の単体決算においては，以下の仕訳が計上されて利益100が発生します。

| (借方)現　預　金 | 1,000 | (貸方)売　　　　上 | 1,000 |
| 売　上　原　価 | 900 | 棚　卸　資　産 | 900 |

　しかし，連結決算上ではこの棚卸資産の簿価は900から800に減額されているので，利益は200発生しないといけません。また，これに税効果を反映させ

た結果，必要な連結仕訳は以下のとおりです。

〈期首残高の修正〉

(借方)	期首利益剰余金	100	(貸方)	棚 卸 資 産	100
	繰 延 税 金 資 産	40		期首利益剰余金	40

〈当期の利益の修正〉

(借方)	棚 卸 資 産	100	(貸方)	売 上 原 価	100
	法人税等調整額	40		繰 延 税 金 資 産	40

親会社の単体決算においては，当期に発生した利益100と法人税等40が既に翌期首の利益剰余金に含まれています。これが翌期首の単純合算に含まれてきますので，まずこれを修正します。また，その利益100と法人税等40は翌期の連結決算において改めて発生させる必要があります。そこで翌期の売上原価を100減額し，法人税等調整額40を借方に計上します。この結果，連結P/Lは以下のとおりになります。

【連結損益計算書（税効果適用後）】

	親会社	子会社	単純合算	連結修正仕訳	連結P/L
売上高	1,000	500	1,500		1,500
売上原価	800	400	1,200	△100	1,100
費用合計	800	400	1,200	△100	1,100
税金等調整前当期純利益	200	100	300	100	400
法人税等	80	40	120		120
法人税等調整額	—	—	—	40	40
法人税等合計	80	40	120	40	160
当期純利益	120	60	180	60	240

この結果，最終的に税金等調整前当期純利益400に対して法人税等合計は160となり，適切に対応させることができました。

Q50

債権債務を相殺消去するときに，なぜ税効果会計を適用する必要があるのですか？

Answer

債権債務の相殺消去に伴って貸倒引当金を減額修正したときに，個別合算上の貸倒引当金と連結上の貸倒引当金にズレが発生します。このため税効果会計の対象となります。

1 債権債務の相殺消去時の処理

連結グループ内の会社同士で取引を行い，債権・債務が両者に発生することはよくあります。例えば親会社が子会社に商品1,000を掛け売りした場合，親会社では売掛金1,000が，子会社では買掛金1,000が発生します。

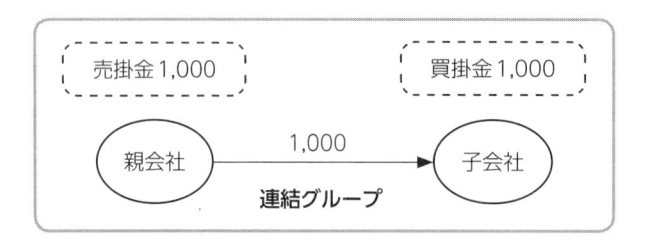

ここで，期末日時点でこの債権債務の決済が済んでいれば何ら問題はありません。しかし，期末日時点で未決済である場合，連結決算の単純合算には親会社の売掛金1,000と子会社の買掛金1,000が含まれることになります。これは連結グループを一体として見た場合，同一組織内での債権と債務が両建て計上されることになってしまいます。そこで，連結決算上このような債権債務は相殺消去する必要があります。このとき，債権について貸倒引当金が計上されている場合は，これも消去する必要があります。

〈債権債務の相殺消去〉

| (借方) 買　掛　金 | 1,000 | (貸方) 売　掛　金 | 1,000 |

〈貸倒引当金の消去〉

| (借方) 貸 倒 引 当 金 | 100 | (貸方) 貸倒引当金繰入額 | 100 |

　債権債務を相殺消去するだけでは純資産への影響はないので，税効果会計の対象にはなりません。しかし，貸倒引当金を消去すると純資産の額に影響を及ぼします。したがって，貸倒引当金の消去に関して税効果を認識する必要があります。法定実効税率を40％とすると，税効果も考慮した貸倒引当金の消去仕訳は以下のとおりになります。

| (借方) 貸 倒 引 当 金 | 100 | (貸方) 貸倒引当金繰入額 | 100 |
| 　　　 法人税等調整額 | 40 | 　　　 繰 延 税 金 負 債 | 40 |

　この結果，当期の連結P/Lは以下のとおりです。

【連結損益計算書（税効果適用後）】

	親会社	子会社	単純合算	連結修正仕訳	連結P/L
売上高	1,000	500	1,500		1,500
売上原価	800	400	1,200		1,200
貸倒引当金繰入額	100	―	100	△100	―
費用合計	900	400	1,300	△100	1,200
税金等調整前当期純利益	100	100	200	100	300
法人税等	40	40	80		80
法人税等調整額	―	―	―	40	40
法人税等合計	40	40	80	40	120
当期純利益	60	60	120	60	180

　仮に税効果を反映させず法人税等調整額が発生していなければ，税金等調整前当期純利益300に対して法人税等80が計上され，当期純利益は220となりま

す。これは，貸倒引当金100を消去したのでその分税金等調整前当期純利益は増えているのに，法人税等は単純合算そのままだからです。そのため，税金等調整前当期純利益と法人税等は適切に対応しなくなっています。そこで税効果を反映してやることで，法人税等合計は税金等調整前当期純利益300の40％に該当する120となり，適切に対応するようになります。

❷ 債権債務が決済されたときの処理

先ほど消去された貸倒引当金の対象である債権が，翌期において回収されてなくなったとします。このとき翌期の親会社の単体決算においては，以下の仕訳が計上されて利益100が発生します。

| (借方) 貸 倒 引 当 金 | 100 | (貸方) 貸倒引当金繰入額
（戻入益） | 100 |

しかし，連結決算上ではこの貸倒引当金は消去されているので，戻入益100は発生してはいけません。また，これに税効果を反映させた結果，必要な連結仕訳は以下のとおりです。

〈期首残高の修正〉

| (借方) 貸 倒 引 当 金 | 100 | (貸方) 期 首 利 益 剰 余 金 | 100 |
| 　　　 期 首 利 益 剰 余 金 | 40 | 　　　 繰 延 税 金 負 債 | 40 |

〈当期の単体仕訳の修正〉

| (借方) 貸倒引当金繰入額
（戻入益） | 100 | (貸方) 貸 倒 引 当 金 | 100 |
| 　　　 繰 延 税 金 負 債 | 40 | 　　　 法 人 税 等 調 整 額 | 40 |

親会社の単体決算においては，当期に発生した貸倒引当金繰入額100が，既に翌期首の利益剰余金に反映されています。これが連結決算において翌期首の単純合算に含まれてきますので，まずこれを減額します。また，翌期の親会社の単体決算で発生している貸倒引当金の戻入益100を，翌期の連結決算におい

て取り消す必要があります。この結果，連結P/Lは以下のとおりになります。

【連結損益計算書（税効果適用後）】

	親会社	子会社	単純合算	連結修正仕訳	連結P/L
売上高	1,000	500	1,500		1,500
売上原価	800	400	1,200		1,200
貸倒引当金繰入額	△100	―	△100	100	―
費用合計	700	400	1,100	100	1,200
税金等調整前当期純利益	300	100	400	△100	300
法人税等	120	40	160		160
法人税等調整額	―	―	―	△40	△40
法人税等合計	120	40	160	△40	120
当期純利益	180	60	240	△60	180

　この結果，最終的に税金等調整前当期純利益300に対して法人税等合計は120となり，適切に対応させることができました。

Q51

連結決算特有の繰延税金資産の回収可能性については、どのように判定したらよいのですか？

Answer

未実現利益の消去によって発生した繰延税金資産については、回収可能性の判定は不要です。それ以外の繰延税金資産については、帰属する会社の個別の回収可能性判定に加味する形で判定を行います。

❶ 未実現利益の消去による繰延税金資産

連結グループ間で取引された棚卸資産や固定資産について、未実現利益が存在するときはこれを消去します。このとき、繰延税金資産が発生することになります。この場合の繰延税金資産については回収可能性の判定は不要です。しかし、未実現利益の消去による将来減算一時差異は、当該資産を売却した会社における、売却年度の課税所得を上限とすることになっています。

◆課税所得≧一時差異の場合（法定実効税率40％）

| 売却した会社の課税所得 1,000 | ≧ | 未実現利益の消去による一時差異 700 | → | 繰延税金資産 280 |

◆課税所得＜一時差異の場合（法定実効税率40％）

```
┌──────────────┐     ┌──────────────┐
│ 売却した会社 │     │ 未実現利益の │
│ の課税所得   │  ＜ │ 消去による   │
│     700      │     │ 一時差異     │      ┌──────────────┐
│              │     │    1,000     │ ───→ │ 繰延税金資産 │
└──────────────┘     └──────────────┘      │     280      │
                                            └──────────────┘
```

❷ 未実現利益の消去以外による繰延税金資産

　未実現利益の消去以外の連結手続において繰延税金資産が発生する場合は，その発生元となった納税主体の会社ごとに，個別に回収可能性の判定を行います。具体的には，各会社の単体決算における繰延税金資産の回収可能性の判定に，連結手続で発生した繰延税金資産を加えて判定を行うことになります。

　連結子会社であるA社の土地を時価評価したところ，△100の評価差額（時価の下落）があったとしましょう。このとき，回収可能性の判定を無視して仕訳を計上すると以下のとおりです。

（借方）評　価　差　額	100	（貸方）土　　　　　地	100
繰延税金資産	40	評　価　差　額	40

　A社の単体決算における繰延税金資産は以下のとおりです。

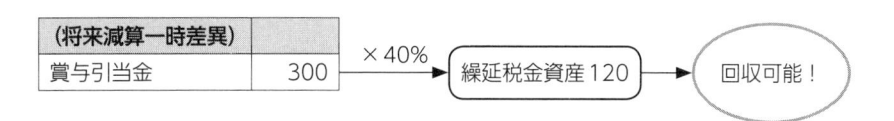

（将来減算一時差異）	
賞与引当金	300

×40% → 繰延税金資産120 → 回収可能！

　これに，連結手続においてA社に関して発生した繰延税金資産（土地の時価評価差額）を加えて，単体決算と同様に回収可能性の判定を行います。

(将来減算一時差異)	
賞与引当金	300
未実現利益	100
合計	400

× 40% → 繰延税金資産 160 → 回収可能？

Q52

連結決算日と決算日の異なる子会社や海外子会社がある場合，連結決算において適用すべき法定実効税率はどのように決めたらよいのですか？

Answer

決算日が異なっても国が異なっても，原則としては各子会社の決算日において決まっている税率を用いて，子会社ごとの法定実効税率を決めます。

連結決算における法定実効税率は，納税主体ごとに算定します。法定実効税率の算定には，決算日現在の税法に基づく税率を用いるのが原則です。したがって，親会社や子会社ごとに決算日の税法に基づく税率による法定実効税率を算定することになります。

❶ 連結決算日と決算日の異なる子会社

連結決算日と連結子会社の単体決算日が異なる場合，子会社において連結決算日に仮決算を行った上で連結決算に取り込むことになります。しかし，決算日のズレが3か月以内であれば，子会社の通常の決算を基礎として連結決算に取り込むことができます。例えば連結決算日が3月末で，子会社の決算日が12月末であるような場合は，3月末で仮決算を行わずに12月末の単体決算を連結決算に取り込むことができます。このような子会社については，当該子会社の通常の決算日における税法に基づく税率による法定実効税率を用いることになります。また，通常の決算日時点で公布済みの改正税法がある場合は，これによります。

3月に公布された改正税法によって翌期以降の税率変更が決まっている場合，親会社は3月決算のためこの改正税法を反映した法定実効税率を用います。しかし，12月決算の子会社では決算日時点ではまだ公布されていないため，改

正前の税率による法定実効税率を用います。

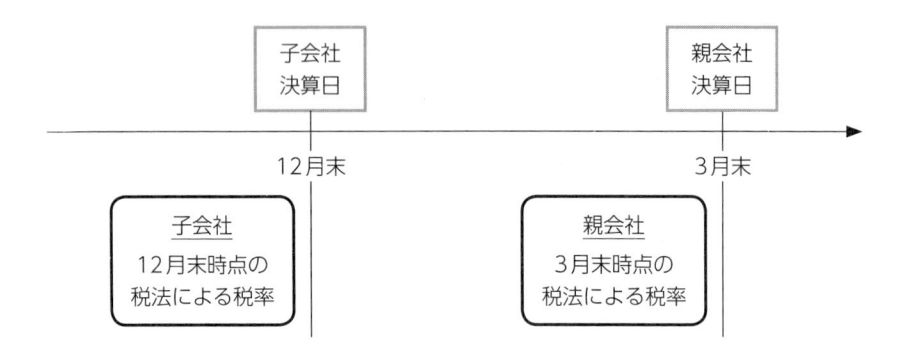

```
        子会社                         親会社
        決算日                         決算日

─────────┼─────────────────────────────┼──────▶
        12月末                         3月末

   子会社                         親会社
  12月末時点の                   3月末時点の
  税法による税率                 税法による税率
```

　ただし，原則通りに連結決算日において子会社が仮決算を行い，これを連結決算に取り込んでいる場合は，子会社においても連結決算日時点の税法に基づく税率による法定実効税率を用いることになります。

❷ 海外子会社

　繰延税金資産・負債は，将来的に実際の回収・支払が発生するときの税額が重視されます。このことは海外子会社であっても同じです。海外子会社で発生した一時差異が解消するときに適用されるのは，日本の税率ではなく当然現地の税率です。したがって，海外子会社がある場合には，日本の税率ではなくその子会社が存在する国の税制に基づく税率による法定実効税率を用いることになります。

第6章 その他

Question 53

貸借対照表における繰延税金資産・負債の，流動と固定の分類はどのように行うのですか？

Answer

繰延税金資産・負債の発生原因となった勘定科目の流動・固定分類に従って，分類を行います。

　一時差異を集計し，それに法定実効税率を乗じて繰延税金資産・負債を算定します。そして回収可能性を考慮した上で貸借対照表に計上します。しかし，実際に貸借対照表に計上する際には「流動資産なのか固定資産なのか？」又は「流動負債なのか固定負債なのか？」という問題があります。

　繰延税金資産・負債の流動・固定分類は，その発生原因となった勘定科目が流動項目なのか固定項目なのかによって判断します。つまり，流動負債である賞与引当金を一時差異として発生した繰延税金資産は，流動資産に計上します。また，固定資産である土地の減損損失を一時差異として発生した繰延税金資産は，固定資産（投資その他の資産）に計上します。

　ただし繰越欠損金などのように，特定の資産・負債に関連しないものから発生した繰延税金資産・負債については，1年以内に解消するなら流動，1年超なら固定と分類します。いわゆるワンイヤールールに従って分類します。

◆繰延税金資産・負債の流動・固定分類のフロー

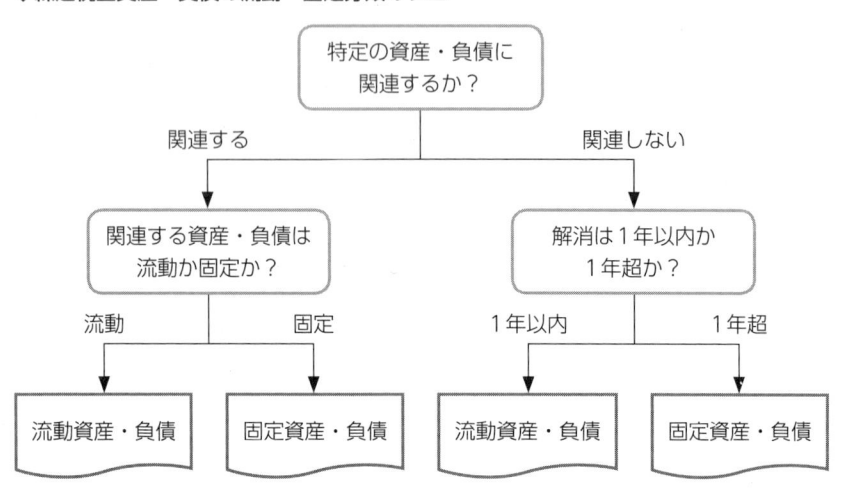

```
              ┌─────────────────┐
              │ 特定の資産・負債に │
              │   関連するか？    │
              └─────────────────┘
          関連する         関連しない
            ↓                ↓
  ┌─────────────────┐  ┌─────────────────┐
  │ 関連する資産・負債は │  │ 解消は1年以内か  │
  │   流動か固定か？   │  │    1年超か？    │
  └─────────────────┘  └─────────────────┘
     流動      固定        1年以内      1年超
      ↓         ↓           ↓          ↓
  ┌───────┐┌───────┐   ┌───────┐ ┌───────┐
  │流動資産││固定資産│   │流動資産│ │固定資産│
  │ ・負債 ││ ・負債 │   │ ・負債 │ │ ・負債 │
  └───────┘└───────┘   └───────┘ └───────┘
```

では、実際の事例を確認してみましょう。一時差異の発生状況は以下のとおりとします。

◆将来減算一時差異

一時差異	当期末	+1期	+2期	+3期	+4期	+5期	長期	不能
賞与引当金	300	300						
未払事業税	200	200						
減損損失（土地）	1,000			1,000				
繰越欠損金	500	100	100	100	100	100		
合計	2,000	600	100	1,100	100	100		

— 174 —

第6章　その他

◆繰延税金資産　内訳

（一時差異等）	金額	繰延税金資産
賞与引当金	300	120
未払事業税	200	80
減損損失（土地）	1,000	400
繰越欠損金	500	200
繰延税金資産　小計		800
評価性引当額		―
繰延税金資産　合計		800

40 → 流動資産 240
160 → 固定資産 560

　賞与引当金と未払事業税は流動負債ですから，これらから発生した繰延税金資産200は流動資産です。減損損失の対象である土地は固定資産ですから，これから発生した繰延税金資産400は固定資産です。繰越欠損金は特定の資産・負債には関連しないのでワンイヤールールで判断します。繰越欠損金500のうち100は1年以内，400は1年超で解消しますので，繰延税金資産200のうち40が流動資産，160が固定資産となります。

Q54
繰延税金資産と繰延税金負債は相殺してよいのですか？

Answer
流動・固定の分類ごとに相殺して表示します。

❶ 相殺表示の基本

　繰延税金資産・負債を計上するときは，その発生原因となった勘定科目が流動項目なのか固定項目なのかに従って，流動・固定分類を行います。ただし繰越欠損金などのように，特定の資産・負債に関連しないものから発生した繰延税金資産・負債については，1年以内に解消するなら流動，1年超なら固定と分類します。

　この結果，流動資産に分類された繰延税金資産と流動負債に分類された繰延税金負債がある場合は，これらを相殺した純額を流動資産又は流動負債に表示します。同様に固定資産に分類された繰延税金資産と固定負債に分類された繰延税金負債がある場合は，これらを相殺した純額を固定資産又は固定負債に表示します。

◆流動区分の相殺表示

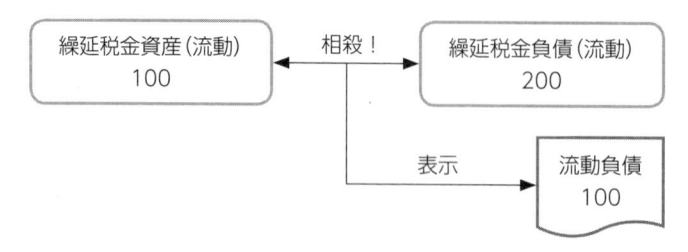

```
繰延税金資産(流動)     相殺！    繰延税金負債(流動)
      100          ←――――→         200
                                    │
                         表示       ↓
                      ――――――→   流動負債
                                   100
```

◆固定区分の相殺表示

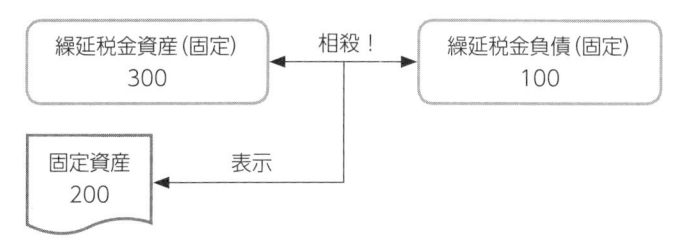

```
繰延税金資産（固定）    ←相殺！→    繰延税金負債（固定）
      300                                100
        │
       表示
        ↓
    固定資産
      200
```

2 相殺表示の実例

では，実際の事例を確認してみましょう。一時差異の発生状況は以下のとおりとします。

◆将来減算一時差異

一時差異	当期末	＋1期	＋2期	＋3期	＋4期	＋5期	長期	不能
賞与引当金	300	300						
未払事業税	200	200						
減損損失（土地）	1,000			1,000				
繰越欠損金	500	100	100	100	100	100		
合計	2,000	600	100	1,100	100	100		

◆繰延税金資産　内訳

（一時差異等）	金額	繰延税金資産
賞与引当金	300	120
未払事業税	200	80
減損損失（土地）	1,000	400
繰越欠損金	500	200
繰延税金資産　小計		800
評価性引当額		－
繰延税金資産　合計		800

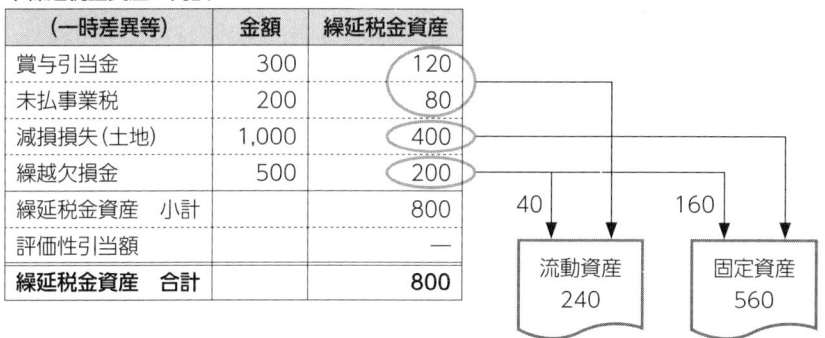

```
       40                    160
        ↓                     ↓
    流動資産              固定資産
      240                  560
```

◆将来加算一時差異

一時差異	当期末	+1期	+2期	+3期	+4期	+5期	長期	不能
特別償却準備金	500	100	100	100	100	100		
合計	500	100	100	100	100	100		

◆繰延税金資産　内訳

(一時差異等)	金額	繰延税金負債
特別償却準備金	500	200
繰延税金負債　合計		**200**

固定負債
200

　上記のように，計算の結果繰延税金資産（流動）240，繰延税金資産（固定）560，繰延税金負債（固定）200が発生することになりました。このうち固定に分類された繰延税金資産・負債は相殺されますので，最終的に貸借対照表に表示されるのは，以下のとおり繰延税金資産（流動）240，繰延税金資産（固定）360となります。

【貸借対照表(税効果適用後)】

(流動資産)	
…	…
繰延税金資産	120
(固定資産)	…
…	
繰延税金資産	360

Question 55

連結財務諸表における繰延税金資産・負債の表示は，単体財務諸表における表示とは何か違いがあるのですか？

— Answer —
繰延税金資産・負債の相殺は，連結ベースでまとめて行うのではなく会社ごと（納税主体ごと）に行います。

❶ 共通の原則

　繰延税金資産・負債を計上するときは，その発生原因となった勘定科目が流動項目なのか固定項目なのかに従って，流動・固定分類を行います。ただし繰越欠損金などのように，特定の資産・負債に関連しないものから発生した繰延税金資産・負債については，1年以内に解消するなら流動，1年超なら固定と分類します。分類された繰延税金資産・負債は，流動・固定の分類ごとに相殺して純額で貸借対照表に表示します。この原則は単体でも連結でも変わりません。

❷ 相違点

　「流動と固定の分類ごとに繰延税金資産・負債を相殺する」という手続は単体・連結ともに変わりませんが，連結決算ではこの相殺を「納税主体ごと」に行う必要があります。つまり，連結グループ全体の繰延税金資産・負債をまとめて相殺するのではなく，会社ごとに相殺を行い，各会社の相殺後の繰延税金資産・負債を合計して貸借対照表に表示するのです。

◆連結決算での相殺　間違った方法

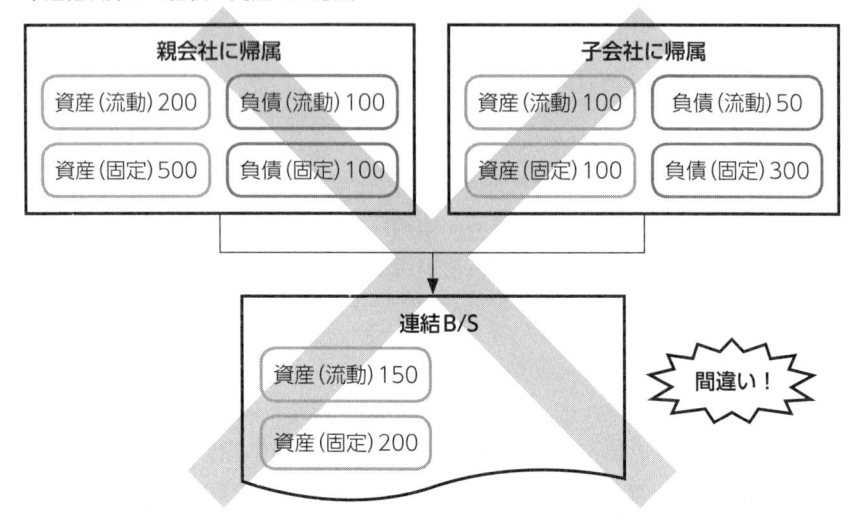

親会社に帰属
- 資産(流動) 200
- 負債(流動) 100
- 資産(固定) 500
- 負債(固定) 100

子会社に帰属
- 資産(流動) 100
- 負債(流動) 50
- 資産(固定) 100
- 負債(固定) 300

↓

連結B/S
- 資産(流動) 150
- 資産(固定) 200

間違い！

　親会社と子会社に帰属する繰延税金資産・負債を，流動・固定の別に会社に関係なくすべて相殺してしまっています。このやり方は間違いです。

◆連結決算での相殺　正しい方法

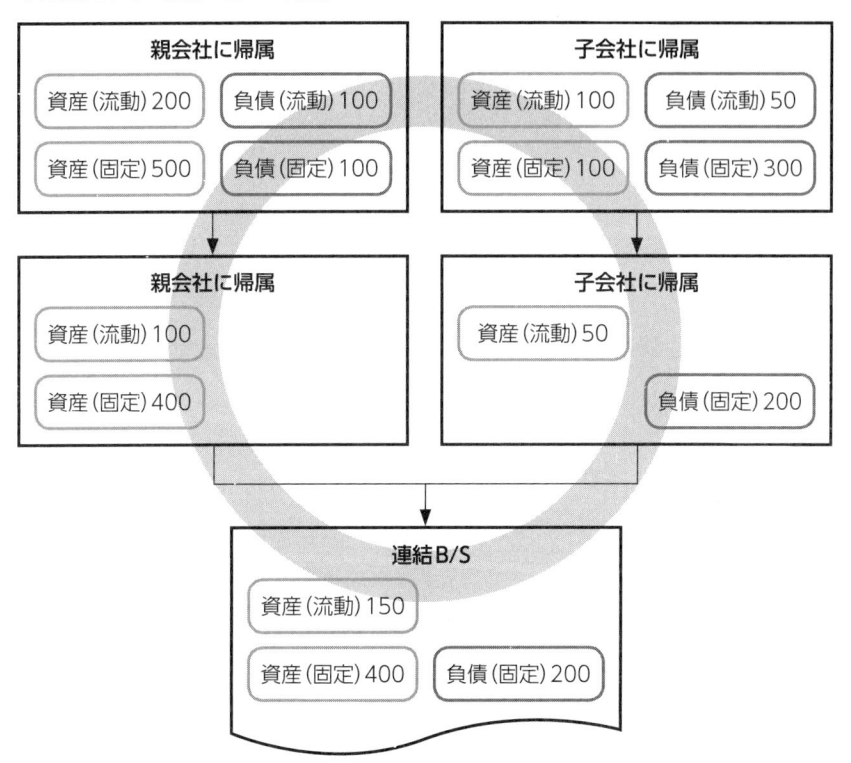

```
┌─────────────────────────────┐  ┌─────────────────────────────┐
│        親会社に帰属          │  │        子会社に帰属          │
│  資産(流動)200  負債(流動)100 │  │  資産(流動)100  負債(流動)50  │
│  資産(固定)500  負債(固定)100 │  │  資産(固定)100  負債(固定)300 │
└─────────────────────────────┘  └─────────────────────────────┘
              ↓                               ↓
┌─────────────────────────────┐  ┌─────────────────────────────┐
│        親会社に帰属          │  │        子会社に帰属          │
│  資産(流動)100              │  │  資産(流動)50               │
│  資産(固定)400              │  │              負債(固定)200   │
└─────────────────────────────┘  └─────────────────────────────┘
                      ↓           ↓
                ┌─────────────────────────────┐
                │          連結B/S            │
                │  資産(流動)150              │
                │  資産(固定)400  負債(固定)200│
                └─────────────────────────────┘
```

　納税主体（会社）ごとに繰延税金資産・負債の相殺を行い，その結果を合算して連結貸借対照表に表示します。この結果，固定分類では繰延税金資産と繰延税金負債の両方が表示されますが，これらは異なる納税主体から発生したものなので，相殺はしません。

Q56

　これまでは業績が非常に悪く会社区分を区分⑤としていたので，繰延税金資産を計上していませんでしたが，業績が上向いたので当期末からは繰延税金資産を計上することになりそうです。どのような準備が必要ですか？

Answer

　おおよその一時差異の確認，スケジューリングの確認，会社区分の確認などを，決算期になってからではなくできるだけ前倒しで進めておく必要があります。

　業績が非常に悪く会社区分を区分⑤にしている場合は，すべての繰延税金資産を回収不能として扱うので繰延税金資産は計上できません。このような場合でも一時差異の把握やスケジューリングなどを正確に実施している会社であれば，業績が上向いて会社区分が上がり，繰延税金資産を計上できるようになっても，それほど慌てることはないでしょう。このような会社であれば，区分が上がってもこれまで通り作業を行い，計上すべき繰延税金資産を計算できるはずです。

　しかし，区分⑤では一時差異の内容やスケジューリングの内容に関係なく，繰延税金資産を計上できなくなります。したがって，手間をかけて一時差異の集計やスケジューリングを行っても結果は変わらないので，「正確にやる意味がない」と作業がいいかげんになってしまう会社もあるかもしれません。このような会社で「当期からは繰延税金資産を計上できるからちゃんとするように」と言われても，担当者が大慌てすることになりかねません。多額の一時差異がある会社では税効果会計が当期純利益に多大な影響を及ぼします。決算時期に大慌てせずに済むよう事前に繰延税金資産の予測値を算定して，社内的にも監査法人にも確認をしておくことが望ましいです。

1 一時差異の確認

　当期から繰延税金資産を計上することになりそうな場合，当然ながら将来減算一時差異がどの程度ありそうかを把握する必要があります。これによって，どの程度の繰延税金資産が発生する可能性があるのかを把握します。前期末や当期中間の申告書，直近の試算表などから，期末に発生すると予想される一時差異を概ね把握します。

2 スケジューリングの確認

　把握した一時差異の解消時期がいつになるのかを把握します。中でも，賞与引当金や未払事業税などは通常翌期に解消しますが，有価証券評価損や減損損失の解消時期については注意が必要です。これらをスケジューリングするためには，取締役会などの決議があることを確認する必要があります。

　また，将来の業績予測の数値にはどの数値を用いるのか，確認しておく必要があります。というのも，将来の課税所得を見積もる際に用いる業績予測には，以下の条件が要求されているからです。

◎　取締役会等の承認を受けている業績予測であること
◎　会社の現状に合った業績予測であること

　経理部が独自に見積もった業績予測は認められません。あくまで取締役会等の承認を受けた，会社としてのオフィシャルな業績予測であることが必要です。また，取締役会の承認を受けているとしても，強気すぎる又は保守的すぎるような現状とかけ離れた数値はやはり認められません。したがって，実際に将来の課税所得を見積もる際には会社のどの業績予測数値を使用すれば問題ないのか，社内的にも監査法人にも確認しておく必要があります。

3 会社区分の確認

　業績が上向いて会社区分が区分⑤を脱し，繰延税金資産を計上するといっても，具体的に区分をどれにするのかによって回収可能性の判定結果は大きく異

なります。会社としては当期の業績から区分③まで上げられると考えて準備をしていたのに，決算になって監査法人から区分④だと言われて大慌て，などということがないように事前によく確認しておく必要があります。

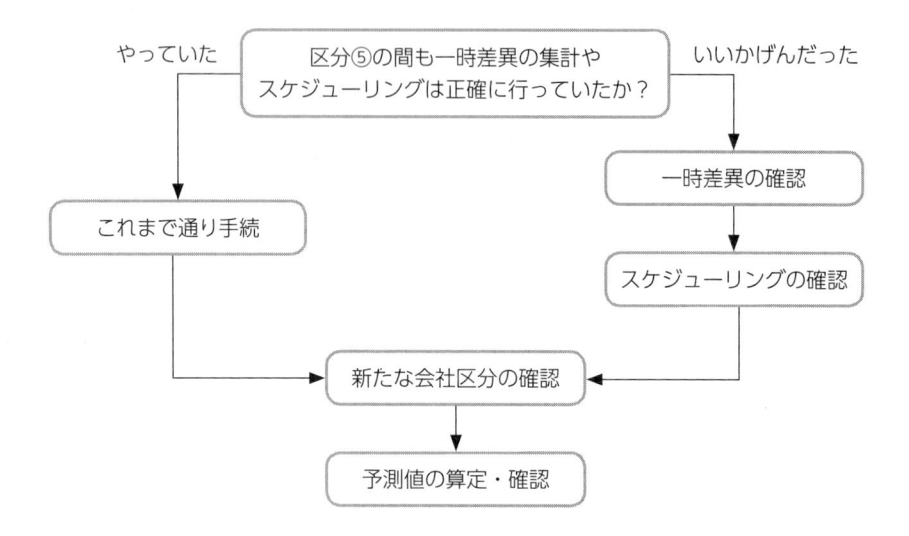

```
                    ┌─────────────────────────────┐
        やっていた   │ 区分⑤の間も一時差異の集計や │  いいかげんだった
        ┌──────────│ スケジューリングは正確に行っていたか？│──────────┐
        │          └─────────────────────────────┘              │
        │                                                        ▼
        │                                            ┌──────────────────┐
        │                                            │  一時差異の確認   │
        │                                            └──────────────────┘
        │                                                        │
        ▼                                                        ▼
┌──────────────────┐                                  ┌──────────────────┐
│ これまで通り手続 │                                  │ スケジューリングの確認 │
└──────────────────┘                                  └──────────────────┘
        │                                                        │
        └──────────────────┐              ┌──────────────────────┘
                           ▼              ▼
                    ┌──────────────────────┐
                    │  新たな会社区分の確認 │
                    └──────────────────────┘
                              │
                              ▼
                    ┌──────────────────────┐
                    │  予測値の算定・確認   │
                    └──────────────────────┘
```

Q57

当期は法人税が発生しているのに，法人税等調整額を考慮した合計の税金費用はマイナス（利益が発生）になってしまいました。とても違和感があるのですが，これでおかしくはないのでしょうか？

Answer

多額の繰延税金資産が回収可能と判定されて計上されたような場合は，このような状況がありえます。

当期は普通に黒字を計上して，法人税等も発生したというのに，税効果会計を適用した結果多額の法人税等調整額が貸方に計上され，法人税等合計はマイナスになったとします。具体的には以下のような状況です。

【損益計算書(税効果適用後)】

売上高	1,000
売上原価	800
費用合計	800
税引前当期純利益	200
法人税等	80
法人税等調整額	△200
法人税等合計	△120
当期純利益	320

税引前当期純利益に対して法人税等は40％の80が発生しています。ここまでは至って普通なのですが，法人税等調整額が貸方に200も発生しているために，法人税等合計はマイナス120となり，当期純利益は320まで増加してしまっています。とても違和感のある状況です。このようなことが本当にありえるのでしょうか。

ここで，前期末と当期末のスケジューリング表を見てみましょう。

◆スケジューリング(前期末)

項目	当期末	＋1期	＋2期	＋3期	＋4期	＋5期	長期	不能
利益(業績予測)		300	350	400	450	500		
交際費等		＋50	＋50	＋50	＋50	＋50		
課税所得 合計①		350	400	450	500	550		
(将来減算一時差異)								
減損損失(土地)	500							500
一時差異 合計②	500	0	0	0	0	0		500
差引①－②		350	400	450	500	550		

前期末においては，土地の減損損失によるスケジューリング不能な将来減算一時差異500がありました。会社区分は区分②です。区分②ではスケジューリング不能な将来減算一時差異は回収不能として扱います。したがって，このスケジューリング結果では繰延税金資産の計上額はゼロです。

しかし，当期中に＋4期における当該土地の売却が決定され，スケジューリング可能となりました。その結果，当期のスケジューリング結果は以下のとおりです。

◆スケジューリング(当期末)

項目	当期末	＋1期	＋2期	＋3期	＋4期	＋5期	長期	不能
利益(業績予測)		350	400	450	500	550		
交際費等		＋50	＋50	＋50	＋50	＋50		
課税所得 合計①		400	450	500	550	600		
(将来減算一時差異)								
減損損失(土地)	500				500			
一時差異 合計②	500	0	0	0	500	0		
差引①－②		400	450	500	50	600		

この結果，減損損失500に対して繰延税金資産を計上できるようになりましたので，以下の仕訳が発生します。

| (借方) 繰 延 税 金 資 産 | 200 | (貸方) 法 人 税 等 調 整 額 | 200 |

　この法人税等調整額（貸方）200は，当期の利益とは関係のないところで，繰延税金資産の回収可能性の判定結果が変わった（スケジューリング不能だったものがスケジューリング可能になった）ことによって生じたものです。このため，冒頭の損益計算書のような違和感のある状況になってしまうのです。

　また，同様に繰延税金資産の回収可能性の判定において，当期末から会社区分を引き上げたような場合も，同じ状況が起こりえます。当期の利益とは関係のないところで，繰延税金資産の回収可能性の判定結果が変わった（会社区分が引き上げられた）ことによって生じたものだからです。

Q58
その他有価証券の評価差額金の会計処理に、なぜ税効果会計を適用する必要があるのですか？

Answer

「その他有価証券評価差額金」を純資産に計上することで、会計上の純資産と税務上の純資産にズレが生じることになります。したがって、税効果会計の対象となります。

❶ その他有価証券の時価評価

会計基準においては、満期保有目的の債券や子会社・関連会社株式を除いて、有価証券は原則として時価評価をすることになっています。ただし、時価評価の対象となる有価証券の中でも、その分類によって以下のとおり会計処理が異なります。

分類	内容	会計処理
売買目的有価証券	いわゆるトレーディング目的で保有する有価証券	時価と簿価の差額は当期損益に計上する
その他有価証券	上記以外	時価と簿価の差額は「その他有価証券評価差額金」として純資産に計上する

上表のとおり、その他有価証券については時価評価による時価と簿価の差額は、当期損益には反映させず純資産に直接計上します。例えば次頁のとおりです。

◆その他有価証券の時価評価

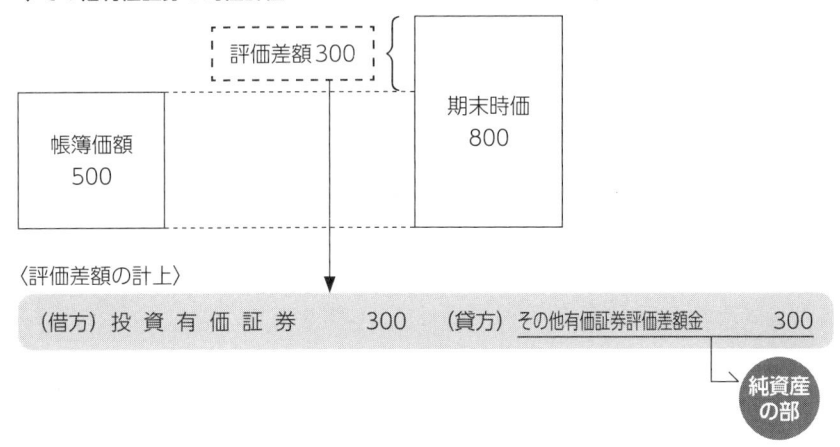

```
           ┌─────────────┐
           │ 評価差額 300 │
           └─────────────┘        期末時価
                                    800
    帳簿価額
     500
```

〈評価差額の計上〉

(借方) 投 資 有 価 証 券　　300　　(貸方) その他有価証券評価差額金　　300

→ 純資産の部

② その他有価証券評価差額金の税効果

　会計上では決算期ごとにその他有価証券を時価評価し，そこで発生した評価差額を「その他有価証券評価差額金」として純資産に計上します。しかし，税務上はこのような処理は行いません。そこで，会計上の純資産と税務上の純資産にズレが生じることになります。会計上も当期損益には影響を与えないので，会計上の利益と税務上の所得がズレるわけではありませんが，日本の会計基準は税効果会計の考え方として資産負債法を採用しています。したがって，会計上の純資産と税務上の純資産がズレることから税効果会計の対象となります。法定実効税率を40％とすると，上記の時価評価仕訳に税効果を反映させると以下のとおりです。

(借方) 投 資 有 価 証 券　　300　　(貸方) その他有価証券評価差額金　　180
　　　　　　　　　　　　　　　　　　　　　　繰 延 税 金 負 債　　　　　　120

　通常であれば繰延税金資産・負債の相手勘定には「法人税等調整額」が計上されるところです。しかし，今回は損益計算書には影響のない話ですので，相

手勘定は「その他有価証券評価差額金」となります。

❸ 純額計上

その他有価証券が複数銘柄ある場合，それぞれの銘柄について繰延税金資産・負債を認識します。評価差損が生じていることにより繰延税金資産が発生する場合には，回収可能性を考慮の上で計上することになります。つまり，評価差損が生じている銘柄と評価差益が生じている銘柄がある場合は，個別に繰延税金資産と繰延税金負債の計上を行うことになります。

1 原則的処理

評価差損300が生じているA銘柄と，評価差益500が生じているB銘柄があるとします。このときの原則的な仕訳は以下のとおりです。

〈A銘柄の時価評価〉

(借方) その他有価証券評価差額金	180	(貸方) 投 資 有 価 証 券	300
繰 延 税 金 資 産	120		

〈B銘柄の時価評価〉

(借方) 投 資 有 価 証 券	500	(貸方) その他有価証券評価差額金	300
		繰 延 税 金 負 債	200

このとき，A銘柄の時価評価で発生した繰延税金資産は回収可能性があると判定された場合のみ，計上することができます。したがって，回収可能性がないと判定されて計上できない場合もあるということです。

2 例外的処理

スケジューリング不能な評価差額については，評価差損と評価差益の純額に対して繰延税金資産又は負債を計上することが認められています。先ほどのA・B銘柄の評価差額の場合であれば，純額で200の評価差益ですので次頁の仕訳になります。

〈A・B銘柄の時価評価〉

（借方）投 資 有 価 証 券　　200　　（貸方）その他有価証券評価差額金　　120
　　　　　　　　　　　　　　　　　　　　　繰 延 税 金 負 債　　　　　　80

　この場合，A銘柄について発生しているはずの繰延税金資産の回収可能性の判定は，省略された形になります。ただし，純額で繰延税金資産が発生した場合には，この純額の繰延税金資産について回収可能性を判定する必要があります。

Q59

圧縮記帳の会計処理に、なぜ税効果会計を適用する必要があるのですか？

Answer

圧縮記帳を行う場合に圧縮積立金を計上すると、法人税申告書において減算が発生します。ここで会計と税務にズレが生じ、税効果会計の対象となります。

1 圧縮記帳とは

補助金や保険金を受け取って固定資産を取得した場合や、固定資産の買い替えを行う場合に、一定の条件下で認められる税額の減額処理（課税の繰り延べ）のことです。新しく取得した固定資産の取得価額を減額（圧縮）する処理を行うことから、「圧縮記帳」と呼ばれます。

1 圧縮記帳を適用しない場合

例えば、取得価額1,000の固定資産を購入するに当たり、400の国庫補助金を受け取ったとします。補助金を受け取ったときは、すべて収益となるので以下の仕訳を計上します。

(借方) 現 預 金	400	(貸方) 補 助 金 受 贈 益	400

次に固定資産を取得したときは、取得価額1,000を資産計上します。

(借方) 固 定 資 産	1,000	(貸方) 現 預 金	1,000

圧縮記帳を行わない状態で、当該固定資産を定額法（10年）で償却すると、当期の決算は次頁のとおりになりました。

【損益計算書】

売上高	1,000
売上原価	700
減価償却費＊	100
費用合計	**800**
経常利益	**200**
補助金受贈益	400
税引前当期純利益	**600**
法人税等	240
当期純利益	**360**

＊取得価額1,000×0.1＝100（期首に取得したと仮定）

　補助金受贈益400は全額税務上の益金になるので，これに40％の税金がかかることになります。もちろん減価償却費100が損金に計上されますが，初年度は税額が増える効果の方がずっと大きいと言えます。

2　圧縮記帳を適用する場合（直接減額方式）

　せっかく国が補助金を出しているのに，すぐさま多額の納税が発生するようでは補助金の効果が薄まります。そこで，一定の条件下で税額の繰り延べが認められています。これが圧縮記帳です。先ほどの事例に圧縮記帳を適用するとどうなるのかを見てみましょう。

　国庫補助金400を受け取り，取得価額1,000の固定資産を購入したところの仕訳は同じです。

〈補助金受取時の仕訳〉

（借方）現　預　金	400	（貸方）補助金受贈益	400

〈固定資産取得時の仕訳〉

（借方）固定資産	1,000	（貸方）現　預　金	1,000

このままでは補助金受贈益400に課税されてしまうので、これを圧縮するために以下の仕訳を計上します。受贈益400を相殺するべく圧縮損400を計上し、その分だけ固定資産の取得価額を減額するのです。

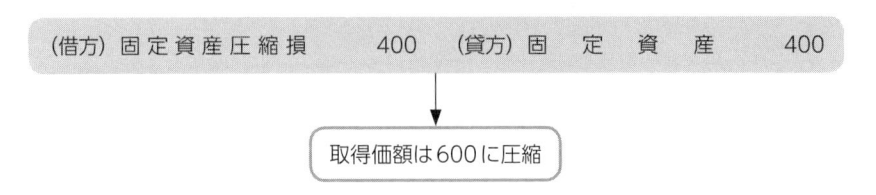

(借方) 固定資産圧縮損　400　　(貸方) 固　定　資　産　400

↓ 取得価額は600に圧縮

この処理により、当期の決算は以下のとおりになりました。

【損益計算書】

売上高	1,000
売上原価	700
減価償却費*	60
費用合計	**760**
経常利益	**240**
補助金受贈益	400
固定資産圧縮損	400
税引前当期純利益	**240**
法人税等	96
当期純利益	**144**

←40%

＊取得価額600×0.1＝60（期首に取得したと仮定）

補助金受贈益400と固定資産圧縮損400が打ち消し合うので、先ほどと比べて税額は大幅に減少しました。ただし、固定資産の取得価額は1,000から600に減少しているので、当期も含めた今後の減価償却費は先ほどと比べて減少しています。翌期以降の9年間は減価償却の減少のみが影響するので、先ほどと比べると税額は増加します。結局10年間トータルで考えると税額は同じ額になるので、圧縮記帳はあくまで課税の先延ばしに過ぎないのです。

上記のように会計上も固定資産の取得価額を直接減額してしまう方法を、

「直接減額方式」といいます。ただし，この方法では会計と税務のズレは発生しないので，税効果会計の適用はありません。

3 圧縮記帳を適用する場合（積立金方式）

会計上は一定の要件を満たさない限り，固定資産の取得価額を直接減額することはできません。そこで，もう一つ別の方法があります。圧縮損を計上して直接取得価額を減少させるのではなく，「圧縮積立金」を計上する方法です。先ほどの事例で積立金方式を適用するとどうなるのかを見てみましょう。国庫補助金400を受け取り，取得価額1,000の固定資産を購入したところの仕訳は同じです。

〈補助金受取時の仕訳〉

| （借方）現　預　金 | 400 | （貸方）補助金受贈益 | 400 |

〈固定資産取得時の仕訳〉

| （借方）固　定　資　産 | 1,000 | （貸方）現　預　金 | 1,000 |

次に圧縮額400に相当する「固定資産圧縮積立金400」を，剰余金の処分として計上します。

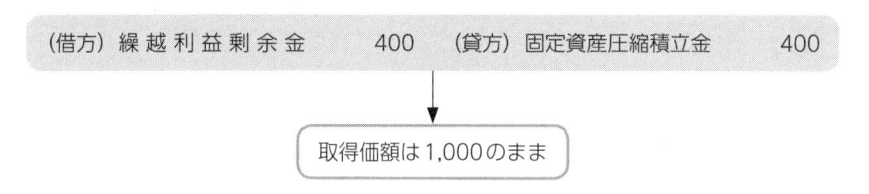

| （借方）繰越利益剰余金 | 400 | （貸方）固定資産圧縮積立金 | 400 |

> 取得価額は1,000のまま

ただし，損益計算書には影響はないので，このままでは補助金受贈益がそのまま課税されてしまいます。そこで，法人税申告書上で圧縮積立金分を減算することになるのです。

(当期)
【損益計算書　法人税等は未計上】

売上高	1,000
売上原価	700
減価償却費＊	100
費用合計	**800**
経常利益	**200**
補助金受贈益	400
税引前当期純利益	**600**
当期純利益	**600**

＊取得価額1,000×0.1＝100（期首に取得したと仮定）

【法人税等の計算】

当期純利益	600
圧縮積立金積立額　減算	△400
圧縮積立金取崩額　加算＊	40
課税所得	240
法人税等(40％)	96

発生 …… 一時差異
取崩

＊会計上は取得価額1,000のままであり当期の減価償却費は100です。しかし，税務上の取得価額は600であり，当期の税務上の減価償却限度額は60です。このため減価償却超過額40が発生しており，加算の必要があります。そこで減算した圧縮積立金を40だけ取り崩すことで加算します。翌期以降9年間で圧縮積立金400のすべてが取り崩されて加算されます。

　このように会計と税務のズレが生じるので，税効果会計の仕訳が必要になります。圧縮積立金400は将来加算一時差異になりますので，繰延税金負債160を計上します。また圧縮積立金40の取崩しが発生するため，繰延税金負債16を取り崩します。その結果，税金関係の仕訳と最終の損益計算書は次頁のとおりです。

〈法人税等の計上〉

(借方) 法 人 税 等　　96　　(貸方) 未 払 法 人 税 等　　96

〈税効果仕訳の計上〉

(借方) 法 人 税 等 調 整 額　160　(貸方) 繰 延 税 金 負 債　160
　　　 繰 延 税 金 負 債　　 16　　　　 法 人 税 等 調 整 額　 16

【損益計算書　法人税等計上後】

売上高	1,000
売上原価	700
減価償却費	100
費用合計	**800**
経常利益	**200**
補助金受贈益	400
税引前当期純利益	**600**
法人税等	96
法人税等調整額	144
法人税等合計	**240**
当期純利益	**360**

（税引前当期純利益600 → 法人税等合計240　40%）

　翌期以降は減価償却超過額に相当する圧縮積立金取崩額40の加算が発生します。

(翌期)

【損益計算書 法人税等は未計上】

売上高	1,000
売上原価	700
減価償却費＊	100
費用合計	800
税引前当期純利益	200
当期純利益	200

＊取得価額1,000×0.1＝100

【法人税等の計算】

当期純利益	200
圧縮積立金取崩額　加算	40
課税所得	240
法人税等(40%)	96

一時差異　取崩

　圧縮積立金の取崩しに伴って繰延税金負債の取崩しも発生しますので，翌期における税金関係の仕訳と最終の損益計算書は以下のとおりです。

〈法人税等の計上〉

(借方) 法　人　税　等　　96　　(貸方) 未 払 法 人 税 等　　96

〈税効果仕訳の計上〉

(借方) 繰 延 税 金 負 債　　16　　(貸方) 法 人 税 等 調 整 額　　16

【損益計算書　法人税等計上後】

売上高	1,000
売上原価	700
減価償却費	100
費用合計	**800**
税引前当期純利益	**200**
法人税等	96
法人税等調整額	△16
法人税等合計	**80**
当期純利益	**120**

40%

Q60 繰延税金資産が純資産になるとはどういうことですか？

Answer

繰延税金資産は将来の回収可能性があると判定されたものだけを計上するので，純資産に含まれます。しかし，その扱いには注意が必要です。

繰延税金資産は，その対象となった将来減算一時差異が将来において解消し，将来の課税所得を減らして税額を減らす効果を持っています。この将来の税額を減らす効果に資産性があるということで，資産として計上されます。資産に計上されるということはその分利益剰余金が増え，純資産が増加することになります。純資産が増加するということは，自己資本比率などの財務指標がよくなります。

繰延税金資産は，賞与引当金・減価償却超過額などの将来減算一時差異を集計し，これに法定実効税率を乗じることで算定されます。しかし，算定された全額をそのまま計上できるわけではありません。一時差異のスケジューリングや将来の課税所得の見積り，会社の5段階区分の判断などの回収可能性の判定を行い，回収可能性ありと判定されたものだけを資産計上することができます。したがって，貸借対照表に資産計上された繰延税金資産はきちんと資産性があるものであって，純資産を構成するのは当然とも考えられます。

しかし，この「回収可能性の判定」には，以下のとおり見積りの要素が非常に多い点に注意が必要です。

◎ 一時差異をスケジューリング可能とするかどうか？
◎ 将来の見積課税所得をいくらに設定するか？
◎ 会社の5段階区分をどの区分と判断するか？

例えば多額の評価損が発生している有価証券がある場合，この有価証券の売却予定が決まっているとするか不明とするかで，スケジューリングが可能か不

能か異なってきます。また，将来の課税所得を正直ベースよりも強気に見積もれば，回収可能な繰延税金資産の範囲が大幅に拡大する可能性があります。さらに，会社の5段階区分をどこの区分にするかによって，回収可能と判定される範囲は大きく変わります。

以下のような状況の会社があったとします。総資産に占める自己資本の割合は10％と低い状態です。

(当期)
【貸借対照表　税効果適用前】

| 資産 1,000 | 負債 900 |
| | 純資産 100 |

一時差異

(将来減算一時差異)	
有価証券評価損	500

×40% → 繰延税金資産200

この状況で繰延税金資産200を回収可能と判定して資産計上すると，同時に法人税等調整額が貸方に計上されて利益剰余金が増加しますので，純資産が200増加することになります。

【貸借対照表　税効果適用後】

| 資産 1,200 | 負債 900 |
| | 純資産 300 |

この結果，総資産に占める自己資本の割合は25％まで上昇しました。これでひと安心と言いたいところですが，翌期はどうでしょうか。将来において課税所得が発生すると業績予測をして繰延税金資産を計上していましたが，蓋を開けてみると予想外の苦戦で△200の赤字に転落してしまったとします。

【貸借対照表　税効果適用前】

資産 1,000	負債 900
	純資産 100

　また自己資本の割合は10％に逆戻りしてしまいました。さらに，この影響で繰延税金資産の回収可能性もより厳しく判断せざるを得なくなり，繰延税金資産200を全額取り崩さなければならなくなったらどうなるでしょうか。

【貸借対照表　税効果適用後】

資産 800	負債 900
	純資産 △100

　なんと債務超過にまで転落してしまいました。
　このように，繰延税金資産の回収可能性の判定次第で，純資産が大きく変動する可能性があります。したがって，繰延税金資産が自己資本の大部分を占めるような状況では，回収可能性の判定次第で，急激に自己資本が減少する可能性があることに注意が必要です。

Q61

国際会計基準（IFRS）が適用されたら，税効果会計にはどのような影響がありますか？

Answer

日本基準もIFRSも基本的には同じです。しかし，部分的に違いがあるところがあります。

日本基準もIFRSも，税効果会計の基本的な考え方としては資産負債法を採用しています。ですので，基本的な処理は同じです。しかし，ところどころ異なる点があります。その代表的なものは以下のとおりです。

◆日本基準とIFRSの相違

項目	日本基準	IFRS
繰延税金資産の回収可能性	会社を5段階に区分し，区分ごとの回収可能性の考え方を具体的に指示	日本基準のような具体的な指示はなし
評価性引当額の扱い	一度繰延税金資産の全額を算定し，そこから回収不能部分を「評価性引当額」として減額する形で開示	最初から回収可能部分のみを開示
繰延税金資産・負債の表示（貸借対照表）	対象となった資産・負債の流動・固定分類に合わせて，流動・固定項目に分類	すべて非流動項目として表示
税金費用の表示（損益計算書）	法人税等と法人税等調整額を別掲して表示	別掲せずに一括で表示
連結決算における繰延税金資産の回収可能性	未実現利益の消去に係る繰延税金資産については，回収可能性の判定は不要（上限はあり）	すべての繰延税金資産について回収可能性の判定が必要
連結決算における未実現損益の消去に用いる税率	売った側の会社の税率	買った側の会社の税率

索　引

【あ行】

圧縮記帳 …………………………………… 192
圧縮積立金 ………………………………… 192
一時差異 ……………………………… 13, 31, 38
永久差異 ……………………………… 31, 49, 70
益金 …………………………………………… 8

【か行】

海外子会社 ………………………………… 172
会計方針の統一 …………………………… 155
回収可能 …………………………………… 126
回収可能性 ………………………… 14, 45, 85, 117
回収可能性の判定 ……………………… 92, 142
回収可能性の判定の修正 ………………… 120
回収可能性の見直し ……………………… 117
解消が長期に渡る一時差異 ………………… 94
解消が長期に渡る将来減算一時差異
　…………………………………………… 100, 131
確定決算主義 ………………………………… 8
貸倒引当金の減額修正 ……………… 154, 164
課税所得 ……………………………………… 9
課税所得の見積り ……………………… 92, 105
過度の保守主義 …………………………… 124
簡便的な処理 ……………………………… 135
簡便的な手続 ……………………………… 143
簡便的な取扱い …………………………… 117
簡便法 ……………………………………… 145
業績予測 …………………………………… 105
均等割 ……………………………………… 74
繰越欠損金 ………………… 40, 51, 53, 82, 108, 128

繰延税金資産 ……………………………… 20
繰延税金資産の回収 ……………………… 85
繰延税金資産の回収可能性 ……………… 168
繰延税金資産の回収可能性の
　判断に関する監査上の取扱い
　（監査委員会報告第66号） ……………… 94
繰延税金負債 ……………………………… 24
繰延法 ……………………………………… 41
軽減税率 …………………………………… 66
決算日の異なる子会社 …………………… 171
減価償却超過額 ……………………… 100, 131
減損損失 …………………………… 2, 26, 98, 131
減損損失（償却資産） …………………… 89
減損損失（土地） ………………………… 89
交際費 ………………………………… 32, 49, 70
国際会計基準（IFRS） …………………… 203
固定資産税 ………………………………… 29
5段階の会社区分 ………………………… 94

【さ行】

債権債務の相殺消去 ……………………… 164
事業所税 …………………………………… 29
資産・負債の時価評価 ……………… 154, 156
資産負債法 ………………………………… 41
四半期決算 ………………………………… 135
修正差額 …………………………………… 117
住民税均等割 ……………………………… 74
純資産 ……………………………………… 200
賞与引当金 …………………………… 21, 89
賞与引当金繰入額 ………………………… 2
将来加算一時差異 ……………………… 20, 34

将来減算一時差異 ·············· 20, 34, 89, 91
スケジューリング ·························· 89, 91
スケジューリング不能な一時差異 ··· 94, 98
税効果会計 ······································· 1
税率差異 ···························· 69, 77, 79
税率変更 ·························· 62, 77, 144
相殺表示 ······································ 176
相殺表示(連結) ···························· 179
その他有価証券 ···························· 188
その他有価証券評価差額金 ··········· 188
損金 ·· 8

【た行】

退職給付引当金 ······················ 89, 100
退職給付引当金繰入額 ····················· 2
タックスプランニング ·················· 113
地方税率 ·· 68
地方法人特別税 ······························ 59
中小企業の会計に関する指針 ········· 12
直接減額方式 ······························· 193
積立金方式 ··································· 195

【な行】

年間見積実効税率 ········ 17, 136, 139, 145

【は行】

評価差額 ······································· 44
評価性引当額 ······················ 72, 81, 126
復興特別法人税 ······························ 61
別表四 ·· 38
別表五(一) ····································· 38
法人税 ·· 8
法人税等調整額 ······················ 5, 117
法人税等の負担率 ····················· 69, 79
法定実効税率 ························ 13, 45, 55

【ま行】

未実現損益の消去 ············ 150, 154, 160
見積実効税率 ··················· 17, 136, 139
未払事業税 ························· 39, 46, 89

【や行】

役員退職慰労引当金 ····················· 103
有価証券評価損 ······························ 98
予想年間税金費用 ··················· 139, 145
予想年間税引前当期純利益 ··· 139, 145
予想年間納付税額 ························ 146
予想年間法人税等調整額 ·············· 146

【ら行】

流動・固定分類 ···························· 173
連結決算特有の一時差異 ·············· 154
連結決算特有の税効果 ················· 149

【著者紹介】

新名　貴則（しんみょう　たかのり）
公認会計士・税理士
京都大学経済学部卒。愛媛県松山市出身。
平成13年10月に朝日監査法人（現：有限責任あずさ監査法人）に入所し約7年間，主に会計監査と内部統制構築に従事。
平成17年6月公認会計士登録。
平成20年9月に日本マネジメント税理士法人に入所し，個人商店から上場会社まで幅広く顧問先を担当。またM＆A，組織再編や監査法人対応などのアドバイスを行う。
平成22年4月税理士登録。
平成24年10月より，新名公認会計士・税理士事務所代表。

[著書]
『Q＆Aでわかる監査法人対応のコツ』
『148の事例から見た是否認事項の判断ポイント』（共著）
『消費税申告の実務』（共著）
（以上，税務経理協会）

著者との契約により検印省略

平成25年3月1日　初版第1刷発行　現場の疑問に答える
税効果会計の基本Q＆A

著　　者	新　名　貴　則	
発 行 者	大　坪　嘉　春	
製 版 所	株式会社マッドハウス	
印 刷 所	税経印刷株式会社	
製 本 所	株式会社三森製本所	

発行所　〒161-0033 東京都新宿区
　　　　下落合2丁目5番13号

株式
会社　税務経理協会

振　替　00190-2-187408
FAX　(03)3565-3391

電話　(03)3953-3301（編集部）
　　　(03)3953-3725（営業部）

URL　http://www.zeikei.co.jp
乱丁・落丁の場合は，お取替えいたします。

Ⓒ　新名貴則　2013　　　　　　　　　　　　Printed in Japan

本書を無断で複写複製(コピー)することは，著作権法上の例外を除き，禁じられています。
本書をコピーされる場合は，事前に日本複製権センター（ＪＲＲＣ）の許諾を受けてください。
　　　　JRRC〈http://www.jrrc.or.jp　eメール：info@jrrc.or.jp　電話：03-3401-2382〉

ISBN978-4-419-05949-1　C3034